プレゼン

商品説明

教え方

報連相

状況説明

営業
トーク

# 言いたいことが確実に伝わる説明力

五十嵐　健

# はじめに　プロ講師の説明力であなたの人生が一変する

うまく伝わらない、理解してもらえない。

だから、仕事もスムーズに運ばない。

あなたはそんな悩みを持っていませんか？


または、以下のような口癖がありませんか？


「要は〜」

「要するに〜」

「〜ですが」

「〜けれども」

「先ほども言いましたが……」

「えーと」「あのー」は、自覚しやすい口癖ですが、右の5つは自分ではなかなか気づけません。ところが使っている人はかなり多いのです。もしあなたの話の中に何度も出てくるようなら、説明がスムーズに行われていない可能性があります。

世の中には、コミュニケーションやプレゼンテーションに関する本がたくさんあります。それだけ、人に伝えることを難しいと考えている人が多いのでしょう。

自分では一生懸命伝えているつもりでも、いつも指摘されるのは、

「話がコロコロ変わる。」

「延々と話している。」

「結局、何が言いたいのかわからない。」

何度も「あなたの説明はわかりづらい」と言われ続けているうちに、すっかり自信を失って、諦めかけている人もいるかもしれません。

もしあなたもその一人なら、説明上手になることで、どれだけ無用なストレスから解放されるでしょう?（説明下手がもたらす「誤解」や「無駄な時間」が減るとしたら……）

日本には、本当に説明上手な人はまだまだ少ないと思います。

「説明上手＝話が面白い人」くらいの認識でしょう。ＴＥＤ（注1）で行われているプレゼンテーションを見ても、「とても真似できない！」とほとんどの人が思うに違いあり

ません。

事実、有名企業に勤めている人や、40代・50代のベテランビジネスマンでも、必ずしも自分の言いたいことを明確に説明できるかと言えば、そうではありません。

極端なことを言えば、頭のいい人ほど、自分と聞き手の間にあるレベル差を埋められずに、情報を詰め込みすぎたり、難解な話し方をしてしまい失敗することが多いのです。

一方で、説明が上手な人も、わずかですが間違いなく存在します。

あなたも、「○○さんがそうだ！」と顔が浮かぶ人がいるかもしれません。

特長は、こんな感じでしょうか。

自然と話に引き込まれてしまう。その人が説明すると、今まで理解できなかったことがスッと頭に入ってくる。

こうした説明力がある人は、仕事もうまくいっているはずです。

なぜなら、人間同士のビジネスは、数多くのコミュニケーションの積み重ねで成り立っているからです。

話が理解できない相手とは、怖くて仕事ができませんし、商品説明が下手な販売員からは、買い物をしませんよね。

つまり、説明力は、ビジネスにおいてかなり重要な力なのです。

では、どのような人が説明力のある人なのでしょう?

説明力が必要な職業と言えば、政治家、ニュースキャスターなどいろいろありますが、最も身近なのは「先生」や「講師」といった、「教える仕事」をしている人たちではないでしょうか。

私は、これまで20年間、「教える仕事」をしてきました。

さまざまな企業から呼ばれて、外部講師として研修を提供してきたのです。教える題材はいろいろですが、主に「プレゼンテーション」や「リーダーシップ」を担当してきました。

講師という仕事は、教師と違って、単発の研修を受け持ちます。私の場合は、企業から依頼されて、その企業の従業員に1日〜2日の研修を行います。受講生は毎回変わりますし、その内訳も年齢、性別、職種に至るまでばらつきがあります。○年○組の生徒と1年スパンで向き合える教師とは、別のスキルが求められるのです。

しかも、与えられた時間は1日研修であれば7〜8時間。2日間研修でも15時間程度しかありません。説明力がなければ、研修をスムーズに提供することはできないのです。

私が講師をはじめたのは31歳でした。当時は年齢が若すぎて、年長者からは、「若造が何を言うか」と舐められることもありました。しかし私は、話術を磨き、説明力をつけることで、そんな年齢のハンデを克服し、プロ講師として認められるようになったのです。

私はよく受講生に言われます。

「先生がいいお手本でした。」

「先生のように聞き手を引きつける話ができるようになりたい。」

しかし、私は説明のほとんどを無意識レベルで行っていました。
そこで、プロ講師と名乗る私の根拠でもある説明力について、改めて考えてみることにしたのです。私が説明するときに「何を考え、どのような工夫をしているのか」を思い起こし整理した上で、まとめてみるといいのでは、と思ったわけです。

これまで、プレゼンテーションやリーダーシップに関する本は書いてきたので、もっとベーシックな、誰もが日常でも使える考え方やテクニックについて書いてみよう。本書はそのような背景から生まれました。

プレゼンテーションは、たとえば新しい商品を「紹介」し、内容について「説明」し、聞き手が興味を持った箇所について詳しく「解説」し、さらに、聞き手の不安を取り除き、購買などの行動を促す行為です。いろいろやることがある分、高度なコミュニケーションと言えます。
それに対し「説明」は、プレゼンテーションの中の1ステップと考えれば、比較的取り組みやすいはずです。

ただし、聞き手を理解させるこの説明のプロセスは、プレゼンテーションにおいてとても重要であり、「論理的思考」や「簡潔さ」が求められます。すなわち、説明力がつけば、おのずとプレゼンテーションスキルや会話力が上がっていくのです。

あなたも、「こういうことってある」と場面を想像しながら、「もし自分だったらどうするだろう」という視点で読み進めてください。

読む分には難しいことは書いてありませんが、実行するのにはそれなりの理解と勇気が必要かもしれません。しかし、説明上手になれば、ビジネスコミュニケーションはもちろん、普段の生活の中でも大いに役立つはずです。

「説明力」を人生の早い段階で身につけて、自分の可能性を広げていきましょう。

五十嵐　健

注1：TED

TEDはニューヨークに本拠地を置くグループで、「Ideas worth spreading（広める価値のあるアイデア）」を活動目標としています。テクノロジー（T）、エンターティメント（E）、デザイン（D）を中心とした、人類のさまざまな活動の中から、幅広く世界に広めるべきと思われるアイデアと、その活動を行っている人にプレゼンテーションの場（TEDカンファレンス）を提供すると共に、インターネットを通じてそのビデオ映像を世界に広める活動を行っています。

http://www.ted.com/ TED（カンファレンス）

## Part 1 説明する前にしておきたい 10の準備

## Part 2

# 聞き手の「頭」に残る 10の伝え方

## Part 3

# 説明下手にならないための10の注意点

Part 4

## 聞き手の「感情」に訴える 10のアプローチ

## Part 5
# 意識するだけで効果がある 10の話し方

Part 6

# 説明上手に見える 10の立ち居振る舞い

## Part 7

## 説明力でこんなに変わる10の場面

○カバーデザイン　ＯＡＫ　小野光一

# Part 1

# 説明する前にしておきたい
# 10の準備

skill

# 01

# 主役は自分ではなく相手

「説明する」と言うと、「説明する話し手が主役」であると考えてしまう人がいます。

しかし、このようなスタンスで説明をはじめると、必ず失敗します。

「あの人は、自分が言いたいことばかり話している。」

そう思われてしまえば最後、相手は一気に聞く意欲を失ってしまうからです。


「部長のいつもの自慢話がはじまった……。」

あなたも、このように感じたことはありませんか？

そんなときは、きっと聞き流しているはずです。


説明するときは、何よりもまず、「聞き手の期待に応える」というスタンスではじめなければいけません。なぜなら**聞き手は、最初の数十秒で、話し手を判断してしまう**からです。この時点で、**聞く価値がないと思われたら、そのあとの説明は耳に入りません。**

「自分が言いたいこと」より「聞き手が知りたいこと」を話す。

**説明力とは、自分の主張を無理やり聞き手に押し込むスキルではなく、聞き手が知りたいことをより理解できるように噛み砕いて話をするスキル**なのです。

にもかかわらず、懲りずに自分本位の説明を繰り返す人は、聞き手の気持ちになって物事を考える（＝相手軸に立つ）ことができません。

そういう人は、聞き手の評価や判断にも無頓着なので、場がしらけたり、影で悪口を言われても気がつかないのです。

もしあなたが何かを説明して、聞き手から褒められもせず、何の反応もなかったとしたら、自己中心的な話し方をしているのかもしれません。気をつけましょう。

**POINT**

**自分が話したいことより、聞き手が知りたいことを話す**

skill

# 02

# 話のつかみを用意する

説明力のない人は、いきなり本題に入ってしまいます。

これでは、ストレッチをせずに走りはじめてしまうランナーのようなもの。遅かれ早かれケガをします。

ところで、説明する際のケガ（＝事故）とはどういうものでしょう？

それは、聞き手が話についてこられずに、聞くことを諦めてしまうことです。

話し手は、説明する前に、発声練習をしたり、考えを整理したりと、自分なりのストレッチをします。ところが聞き手は、その場でいきなり聞かされるのです。

自分一人準備運動の終わった相手に、突然「ついて来い」と言われて走らされるようなもの。あまりに強引だと引いてしまいます。

では、どうするのか？

聞き手にも準備運動をさせればいいのです。

そのためには、説明の冒頭に「つかみ」を持ってくるといい。具体的には、**世の中を賑わせているニュースや聞き手に関する話をする**のがいいでしょう。

ニュースなら「〇〇聞きました？」「びっくりしましたね！」と共感を仰げばいいし、聞き手に関しても、「今日はお会いできて嬉しい」とか「その腕時計、お洒落ですね」など、自分の気持を素直に話せばいい。

本題に入る前に、ワンクッション。聞き手に言葉をかけるのです。

ただし、つかみにも注意するポイントがあります。

## 1 愚痴や悪口を言わない

聞き手のテンションが下がります。

## 2 過度に自分の意見を押しつけない

相手も同じ考えとは限りません。

重要な説明の前に、「この人とは合わない」と思われてしまっては、元も子もありません。とくに政治的な話は要注意です。

## 3 自分をネガティブに紹介しない

たとえば、自己紹介の際に「緊張しています」と言う人がいますが、言い訳にしか聞こえません。

明らかに素人（新入社員など）が言うのなら、聞き手にも「応援したい」という気持ちが働くかもしれませんが、普通は「緊張しないで済むように練習してから来い」と思われてしまいます。

POINT

**説明のスタートは何気ない話から**

skill

# 03 アイスブレイクネタを考える

説明をはじめる際、何気ない話から少し発展して、アイスブレイクを行うのもいいでしょう。

アイスブレイクとは文字通り、〝氷を溶かすように〟場を温めるという意味です。話し手と聞き手との距離を縮めるのに効果を発揮します。

説明の冒頭で聞き手に受け入れられて、自分の調子を出せるか否かは、話し手にとって最初の関門です。

慣れていれば、はじめに多少つまずいてもあとで取り返せますが、初心者には致命的。第一印象でコケてしまったら、そのあと挽回するのは至難の業でしょう。

だから、**話をする際、最初に「自分の場」を作ることは、そのあとの説明をスムーズに行うために必要**なのです。

「場を作る」と言うと、どうしても「笑いをとる」ことだと考えてしまう人がいるようですが、そうではありません。

「あなたが話しやすい状況」について考えてみましょう。

笑いが絶えないような明るい雰囲気なのか。それとも、真剣に語り合うような雰囲気なのか。**「自分の場」とは、あなたが一番話しやすい場のこと**です。

一方で、聞き手があなたの話を受け取りやすい雰囲気でもある必要があります。

一番いいのは、そこにいる人たちがお互いに親しみを感じるような場を最初に作ること。

そのためには、聞き手に声を出させたり、少し体を動かせたりするといい。無言でただ聞いているだけというのは誰にとっても苦痛です。

アイスブレイクに関してはあまり難しく考えないこと。

たとえば、あなたが調理用具について説明するとしましょう。冒頭、聞き手にこのように問いかけるのです。

「よくお作りになるのは和食ですか？洋食ですか？」

「旦那さんやお子さんにお弁当は作られますか？」

難しい問いかけではありませんから、聞き手は自然に話しはじめます。聞き手が複数なら、思わぬ共通点などが見つかって場が和やかになるかもしれません。

**聞き手同士や、話し手と聞き手の間に、何かしらの共通点や似ている所があると、人は打ち解けやすく、説明もスムーズに進みます。**

また、聞き手の話に耳を傾ければ、彼らの趣味趣向や生活スタイルなどを知ることもできるでしょう。**アイスブレイクは、「場を温める」こと以外に、「聞き手の情報収集」という目的も持っています。**

「聞き手はどんな人なのか」「何に関心を持っているのか」をさりげなく探るのです。

説明をはじめる前に聞き手を知ることで、説明の成功確率が高まります。

POINT

**アイスブレイクは相手の情報を収集する手段**

skill

# 04

## 最初に聞き手の状況を確認する

説明をするにあたって一番重要なことは、聞き手をよく知るということです。聞き手が何を知りたいのか、何に不安を感じているのかがわからなければ、効果的な説明をすることはできません。

たとえば、あなたが家電量販店の店員で、テレビを買いに来たお客様の接客をしているとしましょう。あなたはもちろん、テレビを売りたい。

多くの店員は、「在庫を減らしたい」「売り上げを上げたい」という販売側の気持ちが強く出てしまい、お客様の状況を無視して商品の説明をしてしまいます。

エコポイントが全盛のときは、いかにお得かということを延々説明するわけです。新製品なら、新しく搭載された機能を、「どうだ！」と言わんばかりに説明します。

しかしこれでは、お客様が逃げてしまいます。お客様は、一方的な説明をする店員から買いたくないからです。

このように、**お客様のニーズを無視して提供者の都合で説明する人がとても多い**のです。

これではいくら熱心に説明したところで、お客様には響きません。

解決方法は簡単です。お客様に訊けばいい。

**知らないことは素直に訊く。わからないことは早めに確認する。**当たり前のことです。

「今回はどのような目的でテレビをお探しですか？」

そのように訊くことで、お客様はテレビを購入する目的が、「リビングの団らん」なのか、「迫力あるスポーツ中継を見ること」なのか、それとも「2台目の自分専用のテレビがほしい」のか、話してくれるはずです。

本当は、お客様も自分のことをわかってほしいと思っています。

しかし、店員とお客様という立場上、商品知識もそれほどない自分から話し出すことには遠慮があります。だからこそ店員（話し手）は、お客様（聞き手）の気持ちを察して素直に「訊く」ことが重要なのです。

お客様のことがわからないときは、訊けばいいと言いましたが、

「いくらまでなら、出せますか？」

こんなぶしつけな質問に喜んで答えるお客様はいないでしょう。自分の懐具合は明らかにしたくないし、この言葉、語気を荒げれば脅迫のようにも受け取られかねません。

お客様に訊くときは、答える方もハッピーになる「問いかけ」にするべきです。

「この製品をお買い上げになって、一番したいことは何ですか？」

何かを買うとき、人はワクワクするものです。それが手に入ったときの様子を想像することは、気持ちがいいものです。

それに、このように訊けば、お客様の使用意図がわかります。

**お客様の意図さえ読み取れれば、それに寄り添うように説明すればいい**のです。

「この大画面テレビをご購入されて、一番したいことは何ですか？」

さりげなく訊いてみましょう。

「大画面で野球中継が見たくてね。」

そういうお客様には、

「この製品は音がいいので、球場の臨場感が味わえますよ。」

とか、

「番組追跡録画機能がついているので、放送時間が延長しても安心です。」

と説明すればいいのです。

そうすればお客様は、

「この店員は自分と同様、球場に足を運ぶくらい野球が好きなのかもしれない。」

「そうそう、ときどき、延長戦で盛り上がった試合が最後まで録画されていなかったりするんだよ。そのときの悔しい気持ちをこの店員はわかってくれる。」

と感じてくれるはずです。

聞き手の気分が良くなったところで、あなたがより詳しい説明をはじめれば、素直に熱心に聞いてくれるのです。

POINT

**聞き手が何を知りたいか聞き出す**

skill

# 05

# 言いたいことを小分けにする

説明しているうちに自分でも何を言っているのかわからなくなってしまう人がいます。自分ではわかっていたつもりなのに、話しているうちに脱線したり、同じ話を繰り返したり。挙句の果てに時間が足りなくなって、最後は早口でまくしたてて終了。そんな説明では、聞き手は当然納得しません。

話している途中でパニックになる。頭が真っ白になる。当人にとっては深刻な問題です。そんな彼らに、「場数を踏めば大丈夫」と言っても、信じてもらえないでしょう。人前で話をする場合、緊張するのは自然なこと。慣れている人でも緊張するものです。緊張は避けることはできません。むしろ、緊張することでいいテンションを保つことができる、と前向きに考えましょう。

しかし、何が原因であれ、話の脱線や堂々巡りは、聞き手が困ります。なので、**話が支**

**離滅裂になる傾向にある人は、話そのものを小分けにする**といいでしょう。

小分けにする方法として、たとえば新製品を説明するのに30分の時間があるなら、それを、「価格について」「機能について」「在庫・納期について」の10分×3つに分けてしまうのです。

あらかじめ、新製品の説明に絶対にかかせない切り口3点を選ぶことで、さほど重要ではない他のこまごまとした特徴と区別できます。こうすることで、**余計な話をしないで済みます**。

ただ、この重要な3点に関しては、しっかり頭に入れておきましょう。

3点を完璧に自分のものにできていれば、聞き手のニーズに合わせて、「話の順番を入れ替える」「関心がある内容により多くの時間を割いて説明する」など、現場で自由自在に説明を組み立てられるようになります。

POINT

**大きな説明は小さな説明の集合体**

skill

# 06

## 時間配分を考える

説明する際に最も気をつけなければいけないのは、時間です。

どんなにいい説明でも、相手に「長いな」と思われてしまっては、いけません。だらだら話す人が嫌われる理由は簡単。長話は、たいていつまらないのです。

あなたもそうでしょう?

人の話をじっと聞いていられる時間は、そんなに長くはありません。

**一方的に説明を聞く場合、人の集中力が続くのはせいぜい15分**です。

上手な講師なら、5分に1回は「笑い」か「なるほど」を得られるように話をします。

わずかな時間で聞き手の興味を把握し、鮮やかに結論に至るのです。聞き手が時間を気にすることはありません。

聞き手が時間を気にする話し手は、十中八九、説明下手と言っていいでしょう。

では、説明の時間をどのようにコントロールすればいいのでしょう？

## 1 聞き手が許容できる時間を知る

相手があなたの話を聞くことに、どれくらいの時間を想定しているのか考えます。急いでいるのか、それともじっくり話を聞くつもりでいるのか。その場のシチュエーションも影響を与えます。立ち話なのか、説明会のような場なのかによって感じる時間は異なるものです。

説明する機会はさまざまです。相手の許容時間もそれによって変わります。説明の主役が聞き手である以上、あなたはそれを考慮しなければいけません。

## 2 簡潔に話せるように、説明の構成を考える

話がわかりづらいと、時間は長く感じるものです。結論を先に言うなど、聞き手が理解しやすくなる工夫をしましょう（詳しくは12項参照）。

### 3 説明にユーモアを加える

楽しい時間は短く感じるものです。聞き手を楽しませながら話すことで、ボリュームのある説明も許容されやすくなります（詳しくは39項参照）。

POINT

**相手の許容時間に気を配る**

skill

# 07 複数の落としどころを考えておく

説明は、聞き手を「説得」することとは違います。「納得」してもらうのです。

「説得」には、どこか「聞き手を自分の思い通りに誘導する」といったイメージがあります。話し手が導きたいたったひとつのゴールがあり、そこに誘導しようとするわけです。

一方、「納得」は、聞き手が主体ですから、聞き手によってはいくつものゴールがあるはずです。聞き手の事情や、そのときの気分も影響するでしょう。

説明とは、「聞き手に訊くことでニーズを探り、自分が言いたいことではなく、聞き手が知りたいことを話す行為」です。

ということは、**あらかじめ結論を決めてかかるのではなく、複数の落としどころを考えておく。**そのいずれに至ったとしても大丈夫なように、準備をしておくことが必要です。

よく雑誌などに、「あなたはこういうタイプです」と、タイプ分けをする記事があります。質問に答えてイエスかノーを選び、また次の質問に答える。それを何度か繰り返すと自分のタイプが判明するという、あれです。

聞き手との会話の中から見つけていく「説明の落としどころ」も同じようなものかもしれません。聞き手に訊いて、その答えから次の問いかけを考える。聞き手の答えを元に話が進んでいくので、聞き手の納得感も強いでしょう。話し手は、ただ聞き手の答えに寄り添っていきます。

たとえば、セールスの説明において聞き手が「安価」という落としどころにたどり着いたら、価格について説明を重ねていくのです。「早い納期」や「最新機能」でも同様です。聞き手が納得して気持ち良く買ってくれたら、それまでの経緯や落としどころは何でも構わないということです。

POINT

## 相手の要求に対して、柔軟に対応する

skill

# 08 ゴールイメージを持つ

説明したあと、聞き手はどうなっていればいいのか、どんな結果が最高だと思うのか、あらかじめイメージしておかなければいけません。そのイメージしたゴールに向かって着実に突き進みましょう。

決して適当に話をはじめてはいけません。

目的地さえ決まれば、そこにたどり着く手段はいくらでもあります。

東京に住んでいるあなたが、どこか旅行に行きたいと思っても、行き先が決まらなければ、何もはじめることができません。

それが、北海道に行こうとゴールを決めることで、乗り物チケットの手配や宿を予約することができます。

**説明は、旅行における交通手段みたいなもの**です。

北海道に行く手段はいくつもあります。一般的には飛行機ですが、車でいろんな所に立ち寄りながら行くこともあれば、豪華列車に乗って優雅に向かうこともできます。北海道なら船旅という選択肢もあります。

飛行機にしても、座席のクラスはあるし、料金もさまざまです。最近ではＬＣＣ（格安航空会社）を利用して、安価に移動することもでき、その浮いたお金を宿代や食事代に回す人もいます。

旅行に行く＝説明をする

「旅行に行く」それだけでは、具体的なことは何ひとつ決まりませんが、行き先が北海道に決まれば、実際に動き出すことができるのです。同じように、**○○するために説明すると決まれば、行動に移せます**。

行き当たりばったりで旅に出てしまえば、宿探しに苦労したり、お目当ての店が休みだったして、がっかりすることもあるでしょう。
説明の場合も、考えなしではじめてしまえば、聞き手との信頼を獲得できず、当初の目的を果たせない可能性が高くなります。

**説明の目的が明確になれば、「誰に何をどのように説明すればいいのか」はっきりする**のです。

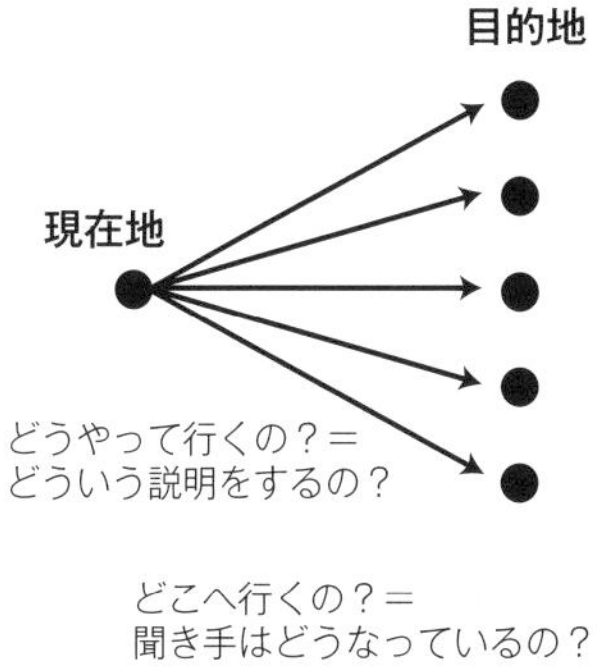
目的地
現在地
どうやって行くの？＝
どういう説明をするの？
どこへ行くの？＝
聞き手はどうなっているの？

POINT

**最初に目的を明確にする**

skill

# 09

# 配布資料はしっかり読み込む

配布資料のポイントについて説明します。

説明を簡潔にすればするほど、伝えきれない情報が残ってしまいます。限られた時間で聞き手の理解を最優先させれば、おのずと説明内容に優先順位が生まれます。

必要ないものは削除しますが、それでも「口頭で説明はできないけれど、知っておいてほしいこと」はあるでしょう。

そうした削除すべきではない情報は、補足資料として配布するのが普通です。

ところが、配布資料は補助的な役割のためか、軽視されることが多いようです。あなたも、ろくに目も通さずに捨ててしまった経験はありませんか？

そんな配布資料ですが、配る以上は注意を払わないといけません。

## 1 配るタイミング

説明の冒頭で配ってしまうと、聞き手がそれを読みはじめてしまい、話し手が一生懸命説明しても、聞き手が全員下を向いている、ということになりかねません。これを防ぐ方法は「資料は最初に配らない」こと。一通り説明が済んでから、最後に配ればいいのです。

## 2 配布資料の内容をきちんと把握しておく

話し手は自分が話す内容については熟考するのに、なぜか配布資料には気を配らない人が多いのです。聞き手があとから読み返したとき、それがあまりにも稚拙だと、説明内容の価値も低いと思われてしまいます。

また、配布資料について質問された際、内容を把握していないばっかりに、対応がしどろもどろになるようでは、説明自体の信憑性にも影響します。

**POINT**

**配布資料が説明の逆効果になることもある**

skill

# 10 資料は「ここを見てくれ!」を明確にする

説明で使う資料には「配布資料」の他に、プレゼンテーションなどでよく見かける「映写資料」があります。口頭のみで説明することは稀で、ほとんどの人が何かしらの資料を作成していると思います。あなたも、資料作りに苦労した経験はありませんか?

資料は説明の重要なサポート役ですが、残念ながら「見てもらえる資料」と「見てもらえない資料」が存在します。

**見てもらえない資料とは、見にくくて、読む気が起こらない資料**です。

ここでは、映写資料を例に、いい資料について考えてみましょう。

映写用の資料は、自宅や仕事場のパソコンで作ることが多いと思います。また、それを使用する際も、資料(スクリーン)に一番近いところにいるのはあなたです。

だから、映写資料のマイナスポイントに気づきにくいのです。

**見にくい資料の共通点は、情報量が多い**こと。具体的には、

1 長文が書かれている
2 図や表が1枚のスライドの中にいくつもある
3 色使いが派手
4 文字のフォントや大きさがバラバラ
5 アニメーションなどの作りが凝りすぎている

あなたも、このような資料を見にくいと思ったことがあるはずです。

こうしたマイナスポイントを改善すれば、資料は格段に見やすくなります。その上で、映写資料の性質を考えてみましょう。

1 話し手のペースで、スライドが切り替わる
2 映写環境によって、映し出されるスライドの大きさが変わる
3 パソコンの画面とスクリーンでは、色の発色などが異なる

つまり、聞き手は自分が読みたい箇所をじっくり読むこともできず、ときには文字が小さすぎたり、色の加減で見にくかったりするのです。

だからこそ、聞き手にとって見やすい資料作りを一番に考える必要があります。

**見やすい資料とは、重要なポイントが一目でわかる資料**です。聞き手が、その資料を見たとき、製作者の意図がすぐにわかる、そんな資料です。そのためには、

**1 ポイントをひとつに絞る**

赤字の部分が重要と決めたら他の色を使わない。やたらと枠で囲わない。

**2 長い文章を書かない**

短いキーワードを使う。できるだけ箇条書きにする。

**3 各スライドのタイトルを見直す**

タイトルは、そのページで一番伝えたいことを、簡潔に書く。

資料を見て、色遣いが派手だったり、太字や矢印、囲い枠などで強調されている箇所が

いくつもあると、聞き手は、作者の意図を読み取れません。

長文も、文字が小さくなったり、聞き手の関心が話し手から逸れる原因になったりします。

タイトルはとても重要で、見た瞬間、そのページで伝えたいことがはっきりわかるものでなければいけません。

たとえば、市場拡大を説明したいページでは、単に「市場背景」ではなく、「市場は2005年から年20％の伸び率で拡大している」と書いてください。このようなタイトルにすれば、その下に書くべき内容が特定されます。仮に、しっくりくるタイトルが見つからないときは、ページ丸ごと不必要ということもあります。

タイトルの見直しが終わったら、最後にそれを順番に並べて、タイトルだけを読んでみてください。全体像が見えてくるようなタイトルや順番でなければ、その資料は未完成です。もう一度やり直してください。

**タイトルを考える作業は、全体の構成を見直すことにつながる**のです。

**POINT**

**映写資料の性質を理解する**

# Part 2

# 聞き手の「頭」に残る
# 10の伝え方

skill

# 11

# 話は3つにまとめる

以前勤めていたビジネススクールで、マッキンゼー出身のコンサルタント講師が繰り返し言っていたのは、「話を3つにまとめる」ということでした。

これは、**マジカルナンバー3**と称した、説明する上で、とても重要なルールです。

「重要な点は3つあります。」

説明の冒頭に話し手からこのように伝えられると、聞き手は不思議と安心して話を聞けるようになります。それが、2つだと物足りないし、4つや5つだと多すぎます。やっぱり3つが受け取りやすい。人間にはそんな受け取りやすい「数」があるようです。

例えば、**人がたやすく記憶できる「数」は7つ**です。

だから電話番号は7ケタだったそうです。市外局番は共通で、その下の番号が7ケタ。

最近では回線の増加から8ケタになりましたが……。

冒頭に3つのポイントを紹介するメリットは他にもあります。

### 1 話の終わりが予測できる

聞き手は「いつまで話が続くんだ？」という不安から解放されます。何しろ3つで終わることが分かっているのです。

### 2 話し手の説明不足を聞き手が補って聞くことができる

最初に3つの概要を紹介してくれれば、全体像を把握した上で説明を聞けます。

### 3 聞き手のニーズを知ることができる

最初に3つの概要を紹介したときの聞き手の反応（頷きや視線）を見て、話し手は臨機応変に説明を変えることが可能になります。

例えば、『新製品の「機能」「価格」「安全性」について話します』と伝えたときに「安全性」の反応が良ければ、そこに聞き手のニーズがある可能性が高いので「安全性」の説明を最初に持ってきたり、話のボリュームを増やしたりすることができるのです。

POINT

**常に3つで説明できないか考える**

skill 12

# 話す順番を考える

話には流れがあります。

「起承転結」や「前振り」「話のオチ」といった言葉を聞いたこともあるでしょう。

**流れを無視して話してしまうと、聞き手は混乱します。**

突然本題に入ったり、話が脱線したり、繰り返したり、まとまりのないまま終わったり。

話し手は、「言うべきことは全部伝えなければ」と焦るのかもしれませんが、結果的には、伝わらない説明をしてしまうのです。

「話を聞いているうちにわからなくなった」と言われたら、それは聞き手が話の流れを見失ったということです。そうならないように、まずは話す順番を考えましょう。

たとえば、オーソドックスな説明の流れとしては、「結論」→「理由（背景）」→「残っている課題」→「まとめ」があります。

最初にはっきり結論を伝え、次にそれに至った経緯を説明します。聞き手は、結論の根拠が知りたいからです。

さらに、依然として残っている問題点を明らかにします。これは今後双方が話し合うべき課題ということです。

最後に、説明の流れを振り返り、相手の理解状況を確認して、今後の予定を伝えます。

あなたが、お客様のニーズに応えて、自社の商品を説明するとしましょう。

・**結論**

御社に〇〇（自社商品）を提案させていただきます。

・**理由**

ご要望いただいた、「在庫の確保とスムーズな供給」が可能です。

成熟した商品であることから、トラブルが非常に少ないです。

知名度も高く、扱える業者の数が多いです。

・**課題**

御社の予算と製品の価格に、依然として開きがあります。

・**まとめ**

それらを踏まえた上で、販売価格の開きをランニングコストの見直しで解消できないか、今後詰めていくことが大事です。

「結論」とその「理由」を最初に伝え、説明の終わりには、今後につながる「まとめ」を行うことで相手との距離を詰めていくことができます。

**POINT**

**聞き手を安心させる順番で話す**

skill

# 13

## 説明は大から小へ

説明をする際は、最初に全体像を明らかにするといいでしょう。いきなり枝葉末節の細かい情報を与えられても、全体が見えていなければ、理解することは難しいものです。

11項で紹介した、最初にポイントを3点紹介するやり方も同じです。「このようなテーマで説明をする」という**全体像（大）を先に与えることで、聞き手の理解を促進し、かつ不安を取り除くことができる**から、やるのです。

説明の目的紹介も（大）に当たります。それを先に伝えられると、聞き手は説明後の判断がしやすくなります。

たとえば、「今日はぜひ、ご購入を検討していただきたく、説明に上がりました」と言われたら、今から聞く説明で、購買の是非を決めなければならないのだと覚悟できます。

これが、「今回は商品について知ってもらいたい」だったり、「他のお客様を紹介してほしい」ということなら、聞き手の心理状態はずいぶん楽になるでしょうし、説明を聞くポイントも変わってくるはずです。


また、「結論を先に言う」ことも、（大）から説明するということです。

「結論は○○だ。（大）なぜなら～（このあとに小が続く）だからだ。」

先ほどの目的も同じです。

「目的は○○だ。（大）そのためには～（このあとに小が続く）が必要だ。」


**（大）を先に伝えて、（小）で細かい内容に入っていくのは、説明をわかりやすくする最もシンプルな方法**です。

説明をするときは、常に「大から小へ」を心がけましょう。

POINT

**結論や目的を先に伝える**

skill

# 14

# 聞き手を「ニヤリ」とさせる仕掛けを作る

説明とは、情報を持った話し手が、持たない聞き手に伝える行為です。

その効果を上げるには、話し手の説明力を向上させると同時に、**聞き手の「聞きたい！」気持ちを増やしてあげることも重要**です。

「聞きたくない」という聞き手には、いくら話し手が説明力を投じても、なかなか効果は上がりません。

聞き手をその気にさせるには、

「この話し手、説明上手だな！」

と思わせて、聞き手の話し手に対する興味を喚起するのです。

**説明の良し悪しは、説明内容ではなく、説明する人で決まります。**

プレゼンテーションと言えばアップルコンピューターのスティーブ・ジョブズ氏。アップルの新製品への興味にも増して、彼のプレゼンテーションへの関心はとても大きいものでした。彼が亡くなって、ティム・クック氏が引き継いだとき、「アップルのプレゼンテーションはどうなるんだ?」と心配になった人も多かったと思います。

実際は、誰がやっても、基本的には変わりません。プレゼンテーションの内容や設計はチームで作っているのが普通だからです。でも、ジョブズが生き返ってプレゼンテーションをするとしたら、やはり誰もが興味を持つに違いありません。

なぜって?

彼のパフォーマンスが多くの人たちから愛されていたからです。

私にとって印象的だったのは、最初のMacBook Airを茶封筒から取り出したとき。テーブルの上に置いてある茶封筒をとぼけたように持ち上げて、そこからMacBook Airを取り出して、「こんな薄い茶封筒に入ってた!」と見せるわけです。

聞き手をニヤリとさせるには、

**1 聞き手の期待を超える**
**2 聞き手の期待をいい意味で裏切る**
**3 期待されていないときに予想外のことをする**

たとえば1は、誰もがほしくなるような画期的な新製品で期待を超えること。2は、いつ発表されるのかなかなか知らされず、待ちわびるうちにどんどん興味が強くなること。3はまさに先ほどのMacBook Airの演出。なぜかそこにテーブルが置いてあって、でも薄すぎて茶封筒には誰も気づかない。気づいたときにはそこから世界一薄いノートパソコンが出てくるのです。

説明上手は、何度も聞き手の期待に応えます。聞き手はそんな話し手の不断の創意工夫に対して、ニヤリとほほ笑むのです。

**POINT**
**チャーミングなパフォーマンスを入れる**

skill 15

# 聞き手のニーズを常に確認する

説明をしていると、聞き手の興味が薄れていることに気づくときがあります。

「あれ？ ついてきていないな。」

椅子に深く座り、目も合わせない。何か別のことを考えているみたい。

そんな聞き手の態度を見て、説明のやり方を変えようと思っても、どうしていいかわかりません。何しろこちらとしては、準備してきた通りに説明する以外、考えていないのですから。

上の空の聞き手に、だんだん焦って緊張感も増して、説明もどんどん粗くなります。

結局その場では、聞き手の納得も得られず、結論にも至りません。かろうじて2度目の説明機会をもらうことで精いっぱい。

なぜこんなことになるのでしょう？

「聞き手は、100人いれば100通り。全員に通用する万能な説明などあるはずがない。その上、相性もあるから、合わない人がいても仕方ない。」

あなたはそう思っていませんか？

たしかに、同じ説明を誰かれ構わずにしていては、通用するわけがありません。当然、聞き手に合わせて違う説明をしなくてはいけないのです。

中身をすべて変えろと言っているのではありません。聞き手によって、「表現」や「難易度」を変えてみたらどうかと思うのです。

私が企業などで研修していても、受講生の興味はバラバラですし、レベルも違います。しかし、伝えるべき内容は、受講生がどうであれ、さほど変わりません。

研修では、**つかみや言葉の選び方、展開のスピードなどを変えていくことで、そのとき**

**の受講生にマッチしたものにしています。**

説明する際も同じように、常に聞き手に合わせます。気持ちを確認するのです。

「何に困っていますか？どこが不安ですか？」

「ここまではいいですか？わからないことはありませんか？」

「何が知りたいですか？」

つかみやアイスブレイクで、聞き手との距離を縮められていたら、聞き手は素直に答えてくれるはずです。

そして、**常に「大丈夫ですか？」と確認してもらえると、聞き手は嬉しくなってあなたの説明を真剣に聞こうと思う**はずです。

**POINT**

**常に相手の理解度を測る**

skill

# 16 聞き手の「なぜ？」に敏感になる

聞き手が最初から興味を示さない、ということは稀です。社内プレゼンテーションであれ、上司への報告であれ、最初の数分は聞いてもらえるものです。

しかし、話し手の説明が下手だと、聞いている方も時間を無駄にしたくないので、やり直しを命じられたり、何度も質問されたりするのです。

つまり、**「聞き手が聞いてくれない」「聞き手からやたら質問される」という事態は、説明下手が引き起こす**のです。

ここで言う説明下手とは、聞き手の疑問を解決しないまま、先に進めてしまうこと。

「なぜこの展開？」「前提は何？」

「この価格はどのように決まったの？」
「本当に来年の夏に顧客が1万人になるの？」

あなたの説明を聞きながら、聞き手にはたくさんの疑問が生まれています。同時に、このまま話を聞いていれば、その答えがわかるのだと期待しています。

ところが、いつまで経っても疑問が解消されないまま、「なぜ？」が積み重なってくると、次第にあなたの話を聞いていられなくなります。

**ひとつの疑問も解消されないのに、聞き手が話し手を信じられるはずありません。**

「こうなのかな？」の前提が狂ったら、不安になって次の展開に進めないのが普通です。

いくらあなたが雄弁に語っても、説明が絵に描いた餅に見えてしまうのです。

聞き手は、首をひねったり、背もたれに身体を預けたりとさまざまな態度で疑問を表現します。表情ひとつ見ていても、聞き手の「なぜ？」に気づけるはずです。

説明上手は、聞き手の「なぜ？」をつぶしながら説明していきます。

極端なことを言えば、現場で気づくのでは遅いのです。そもそも聞き手に疑問を感じせないように、**あらかじめ聞き手の「なぜ？」を予測して説明の中に自分なりの答えを盛り込んでいきます。**

講師の世界でも同じです。

「ここまでで何か質問はありますか？」

そう問いかけて、質問がたくさん出てくるようでは、プロとは言えません。

質問が出ないように、聞き手の疑問を解消しながら話を進めるのが、説明上手なのです。

POINT

**聞き手の疑問を予測しておく**

skill

# 17

# 質問の余地を残す

説明のゴールは、聞き手が理解してくれることではありません。理解した聞き手が、あなたの狙い通りの行動に出ることです。たとえば、商品を買ってくれるとか……。

聞き手が行動を起こすには、「わかりやすさ」だけでは力不足です。**聞き手の感情を揺り動かすことができないと、「行動」に至らず、「理解」で終わる可能性が高い**でしょう。

そのためには、何かしら仕掛けが必要です。

よくあるのが、聞き手が不安になるようなことを伝えて、聞き手の行動を引き出すやり方。「このままでは、事業は失敗しますよ」的なアプローチで聞き手に揺さぶりをかけます。

しかし、このやり方は、聞き手のメンタルを必要以上に傷つけてしまう可能性があるので、あまりお勧めできません。

あえて聞き手を怒らせる、というやり方もあります。聞き手の感情を逆なでで、印象づけます。そのあとの対処を巧みに行えば、マイナスの分だけ、裏返ったときのプラスも大きくなります。「クレームをしてきた人が最良の顧客に変わる」みたいなものです。

しかし、これもまた危険が大きい。怒ったまま終了、ということもあり得ます。


お勧めの方法は、**聞き手が質問できるような余地を残して説明する**こと。

つまり、話し手が、すべてを説明しきらないということです。16項では質問が出ないようにするのがプロと話しましたが、あえて、聞き手が気にしているであろう項目をひとつだけ残して説明を終えるのもプロのテクニックです。当然聞き手は、そのことを確認したいので、質問します。**質疑応答をすることで、説明から理解へのプロセスが、話し手と聞き手の共同作業になる**のです。

聞き手は、自分の質問で説明が終了するので、一枚噛んだ気持ちになります。こうなると、説明後に、何かしらの決断を求められてもなかなか断れなくなるのです。

POINT

**説明に聞き手も参加させる**

skill
# 18
# 重要なフレーズは何度も繰り返す

長い説明はなかなか頭に入ってこないもの。情報量が多いと、聞いているうちに疲れてしまいます。聞き手に受け取ってもらえないとすれば、その説明は失敗です。

全部覚えてほしい、と言ってもそれは無理な話です。なので、覚えてもらいたい内容を絞りましょう。次に、その中でも最も覚えてほしい言葉を、キーワードにします。そして、それを、説明の中のここぞというときに、何度も繰り返します。何度も、です。

話し手にとって重要なキーワードでも、聞き手にとっては初耳の言葉かもしれません。**人がなじみのない言葉を覚えるには、何度も耳にする必要があるのです。**

ヤフーショッピングが、あらゆる費用を無料にすることを発表したときのこと。そのとき、社長の孫正義氏は、何度も「無料」というキーワードを繰り返しました。『今日覚えてもらうことはたったひとつ、「無料」であること』だと。

そのあとどうなるかと言えば、「ヤフーが無料だって」という口コミが広まるのです。

このとき、「ヤフーが何かネットショッピングの新しい施策をはじめるらしいぞ」では破壊力がありません。難しい言葉や、複数の言葉で表現してしまうと、聞き手の記憶には残りづらいのです。

しかし、それが「無料」というキーワードだと、誰にでも理解できます。

もちろん、何が無料になるのかなど細かい所までは理解されていないかもしれません。それでも、無料というキーワードが記憶に残れば、インパクトは大きいでしょう。

**孫正義氏は説明するときに、よく「今日はたったひとつ、これだけ覚えて帰ってください」という言い方でキーワードを連呼します。**それは、それくらい聞き手に覚えてもらうことが難しいのを知っているからです。

POINT

**重要なことはキーワードにして連呼する**

skill

# 19

# 比喩を使う、専門用語は使わない

説明をわかりやすくするためのテクニックに「比喩」があります。

比喩は、「物事を直接的に描写せず、たとえを用いて理解を容易にし、表現に味わいを加える修辞法」です。

ところで、「たとえ話」とは何が違うのでしょうか。


「たとえ話」は、聞き手がちょっと理解しにくいかなと感じるときに、その**わかりづらい内容を、別の身近なモノゴトに置き換えてわかりやすく表現する**ものです。

広さを表現するときに「東京ドーム何個分」と言ったりしますよね。

また、「たとえ話」は、お笑いの突っ込み役の人が上手だったりします。相方のボケに、「それはまるで~だな」とうまい言葉で切り返す。くりーむしちゅーの上田さんや、フットボールアワーの後藤さんが得意ですよね。

それに対して、「比喩」は少し文学的な感じになります。
比喩にはいくつか種類があります。

**直喩：たとえていることを直接示す言葉を用いる**

（例）綿菓子のような雪

**隠喩：たとえていることを示す言葉を用いない**

（例）君は僕の太陽だ

**擬人法：無生物を生物や人間にたとえる**

（例）海が鳴いている

説明に比喩を用いると、聞き手の想像力の助けになりますし、話自体も高尚な印象になります。しかし、無理して文学的な比喩を使うことはありません。あくまでも、聞き手にわかりやすく、表現してあげればいいのです。

一方、専門用語は、一般的にはあまり使わない方がいいと言われています。

その業界の人にとっては当たり前すぎる言葉でも、業界が違えば知らないのが普通です。対象となる聞き手が、畑違いの人だったり、初心者が多いときは、使わない方が賢明でしょう。そういうときは、専門用語を言い換える「たとえ」のスキルが問われます。

ただ、**聞き手を啓蒙したり、自分たちのテリトリーに招き入れたいときは、あえて専門用語を使って、興味を持たせたり、馴染ませるのはいい**ことかもしれません。

「この商品を使うときは、耳慣れないこの言葉○○（専門用語）もぜひ一緒に覚えてください。この言葉を自然に使いこなせるようになれば、あなたはもう一人前です。」

このように、専門用語をある種の基準や目標にすることもできるのです。

POINT

**難しいことは、易しい言葉に変えて伝える**

skill

# 20

# 細かい数字を出す

説明する際によく言われることがあります。

**「抽象的ではなく具体的に！」**


これは、多くの説明が感情的・抽象的になりがちであることを示しているのでしょう。

論理的に話そうといくら帰納法や演繹法で話を組み立てても、曖昧な表現がちりばめられていたら、途端に話の輪郭がぼやけてしまいます。


なぜ、抽象的であることがいけないのか？

それは話し手と聞き手の感覚にずれが生じるからです。

「速い」「遅い」

「大きい」「小さい」

こうした表現は、人によって基準が異なるものです。

「速さ」について考えてみましょう。

たとえば、「マイペース」という言葉があります。「マイペースで調整します」などと言われると、どこかゆっくりと行うイメージがありますね。しかし、マイペースはあくまでも「自分のペース」であって、他人とは違うはずです。

私も「マイペース＝ハイペース」と言っていた時期があります。


「大きさ」についても同じです。

たとえば、普段、軽自動車に乗っている人から見れば、ミニバンは大きな車に見えます。しかし、長距離トラックのドライバーには、とても小さな車に見えるでしょう。

ギネスブックに載るようなサイズの車であれば、万人が共通して「大きい」「小さい」と判断できるかもしれませんが、日常生活で目にする物事は、人によってどちらにも表現できるものばかりです。


また、物理的な大きさでなくても、たとえば「期待が大きい」というような表現もどのくらい大きいのかはっきり知りたい所です。

「来季の営業成績も期待しているぞ」と言われたとき、それは20％アップなのか、倍増なのか。

**具体的に説明する一番簡単な方法は、数字を入れることです。**

1メートルは誰にとっても1メートル。時速60キロは誰にとっても時速60キロです。ただ単に期待していると伝えるよりも、具体的な数字で示してあげた方が、言われた方もやりやすいですし、「誤解」も避けられるのです。

POINT

**できるだけ具体的に表現する**

# Part 3

# 説明下手にならないための10の注意点

skill

# 21

# 「説明好き」にならない

説明上手と、説明好きは違います。

説明好きな人は、単に話すことが大好きで、勝手に延々と話をします。

説明好きな人が聞き手を楽しませるスキルを持っているのならまだマシですが、たいていは自分本位で話す上、自分の意見を押しつけてしまうことが多いようです。

「あの人説明好きだよね」と言われるときは、たいてい嫌味の要素が含まれます。

**「説明上手」と「説明好き」では、聞き手の評価は正反対**なのです。

説明することが好きな人は、言いたいことがたくさんあるのかもしれないし、単なる寂しがり屋で常に誰かと会話していないと不安になる人なのかもしれません。

いずれにしても、聞き手からすれば、あまり歓迎できる話し手ではありません。こういう人は、ときには時間泥棒とまで言われて、嫌われる傾向にあります。

そんな説明好きや話好きに共通する特長が「自分好き」なこと。

話好きと言えばお笑い芸人が思い浮かびますが、彼らの中には自分のことが大好きな人がたくさんいますよね。

そんな話好きな人たちは、聞き手がどんな話を聞きたいのかまでは関心がいきません。自分が面白いと思う話を、聞き手も面白いと感じるに違いないと信じて疑わないのです。

さすがにお笑い芸人なら、聞き手を笑わすテクニックを併せ持っているでしょうが、素人の自分好き・話好きは、本当に厄介です（笑）。

そんな人に、「相手の話も聞きなさい」と言っても、のれんに腕押しかもしれません。

こうした**自分好き・話好きの自分軸が太すぎる人は、説明上手にはなれない**でしょう。

ところが、**「説明上手は話好き」であることもまた、事実**なのです。

重要なのは、自分をコントロールすること。そして聞き手にも花を持たせてあげること。

一方通行にならないように聞き手の話も聞きながら、サービス精神を発揮すべき所は、思い存分話してください。同時に笑いも取れれば最高でしょう。

自分も話し、相手も話す。その割合は「時と場合」によってさまざまです。

**1 講演やスピーチ 10：0**（自分：相手 以下同様）

基本的には話し手が一方的に話します。

**2 面接（を受ける）7：3**

面接される方が主体的に話し、面接官の質問に答えます。

**3 営業 3：7**

お客様にできるだけたくさん話してもらいます。営業の達人ともなれば1：9で自分が言うべき所もお客様に言わせてしまうスキルを持っています。

**POINT**

**一方的に話さず、聞くことを重視する**

skill

# 22 話が違う所へ飛ばないようにする

説明の途中で、話が変な方向にいってしまう人がいます。本人は夢中で話しているのでそのことに気づけません。それが「話が飛んでしまう人」の一番の問題なのです。

話がまとまらずに飛んでしまう原因は、

**1 ひとつの話が終わっていないのに、次の話をはじめてしまう**
**2 聞き手の「?」のサインを無視して、話を先に進めてしまう**
**3 話すことだけが目的で、本心では聞き手の理解を求めていない**

1の場合は、**話をできるだけ短くする**こと。それには、話を続けるときに、文章を「、」でつなぐのではなく、「。」で一旦終わらせるように意識することが大切です。

また、話を先に先に進めようとするのではなく、聞き手に考えさせる時間を差し上げるつもりで、ゆっくり話すこと。

2の場合は、**説明するときにまず自分を落ち着かせる**こと。相手が見えていないというのは、焦りや緊張からきているのかもしれません。最初は難しいと感じるかもしれませんが、聞き手の目を見て話すことを心がけましょう。もし目を見ることができなかったら、身体のどの部分でも構いません。聞き手も、自分を見ようとしてくれる話し手に対して好意を持ちます。いずれ必ず、聞き手のサインに気づけるようになるはずです。

3の場合は、2つのパターンが考えられます。「どうせ自分は理解してもらえない。だから自分も相手を理解するつもりはない」反抗期型。または、「聞き手は自分より劣るから、どうせ理解できるはずがない」傲慢型です。どちらのパターンにせよ、自己中心的な性格が直らなければ、根本的な改善は難しいでしょう。

**POINT**

**話が飛びそうになったら、落ち着いてゆっくり立て直す**

skill

# 23 長く話さない

どんな話も簡潔な方がいい。それは、説明も同じです。だらだらと続く話が好きな人はいません。

それを避ける方法として、本書では「時間配分」や「ポイントを3つに絞る」考え方を紹介しました。

話が飛ぶ人も、結果的に長くなる傾向があるので、「文章を切る癖をつける」ことを勧めました。

ただ私は、以前ほど、話が長い人を見かけなくなったように思います。逆に、ポツリポツリとしか話せない、長い話ができない人が増えている気さえします。

その原因は2つあると思います。

ひとつは、長い文章に接する機会が減ったこと。

新聞や本を読まない人が増えています。テレビ番組では、出演者の話のエッセンスが短いテロップで流れます。私たちの長文読解力は昔よりずいぶん落ちているのではないでしょうか?

もうひとつは、インターネットが浸透したことです。

ブログやFacebookなどに、自分が書いた文章を公開する人が増えました。ところが、スペースの問題や文字だらけの記事は読んでもらえないことから、おのずと長文を避け、絵文字や写真を使って表現するようになりました。

さらに、書き込める文字数に制限のあるTwitterのようなサービスもあり、人は知らないうちに短い文章に慣れ親しむようになったのだと思います。

説明においては、長話は嫌われます。しかし、長く話す力がなくて結果的に短い話になる、というのはちょっと違うと思います。

重要なのは、膨大な情報の中から、聞き手に合わせて、内容を簡潔にまとめられること。当然、聞き手が望めば詳しく話せるだけの引き出しができます。

つまり、長く話すこともできる余裕があってはじめて、中身の濃い、しっかりした説明が可能になるのです。

そのためには、普段から多くの長文と接して、それを簡潔にまとめる練習を繰り返す必要があります。

POINT

**長く話せるだけの余裕を持って、簡潔に話す**

skill

# 24

## 聞き手のサインを見逃さない

説明が苦手な理由を訊くと、

「聞き手の気持ちがわからない。」

「聞き手が何を考えているのかわからない。」

と言う方がいます。


対面で話をしていれば、聞き手の機嫌の良し悪しや関心のあるなしなどは、おそらくほとんどの方が感じ取ることができるでしょう。

したがって、「わからない」というのは「聞き手の気持ちや考えそのものがわからない」のではなく、「どうしてそのような聞き手の態度や結果になってしまうのかがわからない」ということでしょう。

なぜ、自分が説明すると聞き手の機嫌が悪くなるのか。

なぜ、自分の話に関心を持ってもらえないのか。

わからない人にとっては、とても不可解なことだと思います。

しかし、**聞き手は理由もなく不機嫌になりません。話がつまらないから関心をなくす**のです。


話がつまらないと感じるのは、「話し手が聞き手のことをわかろうとしない」ときです。

聞き手も人間ですから感情もありますし、意見も持っています。ただ、それをわかりやすく表明する人としない人がいます。

話し手が上手に導いて、いい質問をして聞き手の本音を引き出すことができたらいいのですが、中には詰問や尋問をしてしまい、聞き手の心を閉ざしてしまうこともあります。

加えて、聞き手の多くは、自ら積極的に話そうとはしないので、彼らの感情を読み取ることは難しいのです。


しかし、**聞き手はただ聞いているわけではありません。さまざまな反応をしています。**

・**好意的な反応**

話に頷く。前のめりになる。身体を正面に向ける。

・**批判的な反応**

首をひねる。アゴや髪を触る。ため息をつく。

・**退屈や自分を守ろうとする反応**

腕を組む。足を頻繁に組み直す。視線が泳ぐ。

これらは聞き手が話し手に送っているサインです。何度も見逃していると、聞き手は、「この話し手は、自分には感心がないのだな。ただ自分が話したいだけなんだ。」と判断します。

そうなればもう説明はうまくいきません。聞き手はあなたを見限り、他の話し手から説明してもらおうと決めてしまいます。

**POINT**

**聞き手の仕草から心理状態を読み取る**

skill

# 25

# 「傾聴」しすぎない

説明をする上で、聞き手の要望や意見を聞くことがあります。

人の話を聞くときは、集中して頷きながら聞く。いわゆる傾聴することが大切だと言われます。もちろん、それはその通りです。

人は、自分のことを大切に扱ってくれる人を好みます。言い換えれば、自分の話を真剣に、熱心に聞いてくれると、それだけでかなり心が動かされるのです。

ところが、傾聴という言葉は知っていても、「集中して聞く」ということが、具体的にはどういうことなのかわからない人が多いのです。

そういう人に「傾聴してください」と言うと、「ハイ」「ハイ」と食い気味に相槌を打つような感じで聞いてしまいます。

それでは、話し手は「ハイ、それで？」と言われているような気になります。あまりに〝向かってこられる感じ〟が強すぎると、不快になりますよね。

**話を聞くときは、あくまでも、相手が話しやすいようにすることが大切**です。

メンタルが強い人ならば、食い気味にこられても、「それなら自分も負けずにしっかり話そう」と対抗できるのですが、話すことが苦手な人にとっては、ただのプレッシャーになってしまいます。

また、聞き手が複数の場合は、一人に傾聴しすぎることで他の人を放ったらかしにしてしまう危険があります。

あなたが説明する際に、聞き手の人数が多いようなら、私は「傾聴」ではなく「開聴」することを勧めます。

**開聴とは、「相手の話を他者とシェアをしながら聞く」ということ**です。

たとえば、質問してくれた人に「なるほど確かにそれは面白い意見ですね」と切り返すとき、その人だけではなく、身体を開くようにして他の人も見ながら行うのです。一人に対する同意のみならず、その場にいる人と共感を得るために相槌を打ちます。「さすがにいい意見をお持ちですね。〇〇さん、あなたもそう思いませんか？」と特定の他者に同意を求めてもいいでしょう。

質問してくれた人の話をその場にいる他者と共感しながら聞く。するとその人は、**自分の意見が大勢に伝わることで嬉しい気持ちになると同時に、下手なことは言えないという自覚が生まれ、前向きで有意義な意見を言うようになります。**

質疑応答などで、ときどき質問した人が熱くなって食い下がっている光景を目にすることがありますが、それは話し手が1対1で対峙してしまうからいけないのです。

POINT

**特定の人だけと対峙しない**

skill

# 26

## 相手を敵だとイメージしない

聞き手を攻略すべき相手だと考えてしまうと、説明はうまくいきません。

攻略するとは、聞き手の意見をひっくり返すこと。つまり、現時点で聞き手は、反対意見を持っていることになります。

反対意見を賛成意見に変える。そのように聞き手を変えようとすると、意見を戦わせて、打ち負かすスタンスになりがちです。

しかし、聞き手は説得されたくないのです。

説明をするということは、ほとんどの場合、聞き手の知らないことやまだ理解できていない内容について話すわけです。だから、どうしても聞き手は受け身になりがちであり、話し手との距離を無意識のうちに感じてしまうものです。

説明は、聞き手との距離を詰めていくことで成功率が高まります。

**話し手は、聞き手が感じている「無意識の距離」を縮めることが重要**なのです。

そのためには聞き手を、敵対する存在ではなく、今から行う説明を共に成功させる仲間だと考えましょう。もしくは、「説明」という舞台を共に演じる役者だと考える。

とにかく、**一緒に協力し合う存在として、聞き手を認識する**のです。


ときには不安から、聞き手があなたに反論（攻撃）してくることもあるかもしれません。

「説明される＝言いくるめられる」と誤解している人もいます。

そんな彼らへの対処法は「自分はあなたの敵ではない」と思ってもらうこと。

彼らと真摯に向き合い、**話をよく聞いてあげる**のです。

**POINT**

**聞き手は、「わからずや」ではなく「良き理解者」**

skill

# 27 クイズは出さない

「質問仕事術」を書いたマツダミヒロさんは、その著書の中で、質問には5種類あると紹介しています。

1 疑問
2 クイズ
3 命令
4 尋問
5 魔法の質問

マツダさんは、「普段何気なくしている『質問』が、聞き手を追い詰めてしまうことがある。それを防ぐには、魔法の質問をするといい」、と言っています。

話し手がよく使ってしまう問いかけと言えば、「クイズ」でしょう。

「新製品には、画像をクリアにする機能がついたのですが、それは何だと思いますか?」

「使用者が間違って操作しやすいボタンはどれだと思いますか?」

こうした問いかけは、話し手が聞き手とコミュニケーションをとろうとして行われます。

聞き手に答えさせることで、一方的な説明にならないように気を配るわけです。


ところが、これをやりすぎると、聞き手は「試されている」ような気になります。**質問に答えられているうちはいいのですが、そうじゃなくなると、だんだん気分が悪くなっていきます。**


話し手は良かれと思ってやったとしても、聞き手にはこのように聞こえるのです。

「これくらいは常識だから知っていますよね?」

「へえ、こんなことも知らずにこの商品を買おうとしているんだ……」

聞き手は、そんなふうに思われているに違いないと疑心暗鬼になるのです。
または、答えられないという恐怖が先立って、質問そのものを拒否する聞き手もいるかもしれません。

**クイズを出す人は、当然答えを知っているわけで、圧倒的に有利な条件で話をします。聞き手はただ追い詰められるだけです。**

そうかといって、聞き手が考える前に答えをどんどん提示してしまうのも問題です。聞き手の本音としては、説得はされたくないが自分で答えを出したい。しかし、答えられないクイズが続くとイライラしてしまうのです。

POINT

**聞き手が自ら答えにたどりつけるような質問をする**

skill

# 28

# 準備不足を言い訳にしない

説明が下手でも、練習すればほとんどの方が上手になります。しかし、絶対に上手にならない人もいます。

それは、準備不足を言い訳にする人です。

「今回は準備不足で失敗した。」

と言う人は全くダメです。

「では、あなたが準備万端になったことはあるの?」

と聞いてみたくなります。

「準備不足でした」という言葉からは、「準備しようと思えばできたけど、しなかった」というニュアンスが感じ取れます。

失敗の原因が「やるべきことを怠ったから」ということでは、救いようがありません。

さまざまなトラブルが重なって、事前に時間が足りなくなり、結果的に思うような準備ができないことはよくあります。

しかし、十分に準備する時間がなかったからといって、準備不足を言い訳にしてはいけません。どんな条件下であっても、ベストをつくしましょう。**もしあなたが、やるべきことは全部やったと心から思えたら、「準備不足でした」とは言わないはず**です。

自己評価が妙に高い人は、ついつい失敗したときに言い訳をしてしまうものです。本当の自分は、普段の自分はこんな失敗はしない、とつい世間にアピールしてしまいます。

「自分はこんなもんじゃない？」いいや、言い訳をしている時点で、その人はその程度の人なのです。

**POINT**

**ベストを尽くして説明に臨む**

skill 29

# ノリやアドリブでは乗り切れない

ノリやアドリブなど、その場の思いつきでうまくいくほど説明は甘くありません。聞き手に合わせるというのは、現場で臨機応変に対応することですが、考えなしに適当に対処することとは違います。

もしあなたの中に、「あの人は現場でアドリブを利かせて説明しているよ」と思い当たる人がいるとしたら、それはあなたにそう見えているだけであって、当人は影で相当練習していると思って間違いありません。

一見、**自由自在に見える人は、適当にやっているのではなく、聞き手をよく観察して、場の空気もつかんで、さらに2歩も3歩も先を読んでいます**。その上で、今何をしたら一番場が盛り上がるかを導き出して、瞬時にそれを言動に変えているのです。

適当に話をするだけなら、それほど難しくありません。

しかし、聞き手の心の琴線に触れながら、ニーズに応えながら話を進めていくことはとても難しい。それは、準備をしないでできるようなことではありません。

ある程度、聞き手の心をつかめたら、さらに盛り上げようと思うこともあるでしょう。その際は、その場で思いつきの話をアドリブでするかもしれません。でもそれは、場がある程度できあがってからの話です。

もし、あなたがそれなりのポジション（役職）の人なら、周囲があなたに合わせてくれている可能性もあります。その場のノリで話せていると勘違いしてはいけません。場ができあがるまでの過程は、事前にしっかり準備して作り込む必要があります。その場のノリやアドリブでうまくいくことなど絶対にありません。**どんなに話し上手でも、経験豊富でも、最初の立ち上がりは綿密に設計して臨む**ものです。

**POINT**

**説明の準備や練習を怠らない**

skill

# 30

# 説明の原稿は箇条書きで書かない

説明するとき、話す内容を原稿に書くようにしましょう。

特に最初の慣れていない時期は、原稿（＝説明シナリオ）をしっかり書くことで、内容をアタマにたたき込んでください。また何度も書くことで、自分が得意な言い回しを確認しましょう。

初心者なのに、説明内容を箇条書きにしただけで本番に臨む人がいますが、危険です。本人は自信があるのかもしれませんが、もし以下のような言葉が説明の中に出てくるようなら、やはりちゃんと原稿を書くべきだと思います。

「先ほども言った通り……。」

「最後につけ加えますと……。」

**先ほど言ったことを繰り返すのは、構成をしっかり考えていないから**です。重要事項を繰り返し伝えることは必要ですが、あらかじめ話す内容がしっかり整理できているときは、「先ほど言った通り……」「繰り返しになりますが……」といった言葉は出てきません。

もし、こうした言葉が頻繁に出てくるとしたら、それはアタマの中で適当に組み立てて話をしている証拠です。

同じように、**「最後につけ加える」のも、忘れていたことを思い出したから**で、本当に重要なことなら、つけ加えるのではなく、最初から一番いいタイミングで伝えるはずです。

「何となく方向だけ決めて、あとは現場で聞き手を見ながら臨機応変に……。」

こんなセリフが許されるのは、話すべき内容が完璧にアタマに入っている人で、しかも1時間でも2時間でも流暢に、感情込めて話ができる人だけです。

慣れないうちは、箇条書きではなく、説明シナリオを書くこと。しかも、自分が普段話している言葉で書くのです。

シナリオは、前段の説明、クライマックス、まとめ部分と、シーンごとに分けて書きましょう。

ここははっきり伝えたい、という個所はマーカーで線を引くのもいい。

「話す内容をしっかり記憶できているから問題ない」というのは大きな間違いです。事前にシナリオを書くのは、聞き手をイメージするためにも必要だからです。同じことを説明するにしても、聞き手が変われば説明の仕方が変わるのは当然です。

はじめての聞き手なら、説明内容について「興味があるのか」「そのことに詳しいのか」「説明を聞いてどうしたいと思っているのか」それを**話し手は事前に調べるか、少なくともわかっている情報から予測しておく**必要があります。

何度目かの聞き手なら、前回どんな結果で終わっているのか思い返します。説明の重複があってもいけないし、聞き手から質問や課題が投げかけられていたのなら、その回答を用意しておかなければ失望させてしまいます。

私は講師歴20年目で、もうベテランと呼ばれる段階です。そして私が教える内容も、これまで何度も説明してきて完全に頭に入っています。にもかかわらず、はじめてのお客様に研修をするときは、シナリオを書き、リハーサルも行います。

リハーサルを行うことで気づけることがたくさんあります。使う言葉を変えたり、話す順番を入れ変えることも多々あります。

そして本番までの間、何度も声に出して練習します。これらの準備をしっかり行うかどうかで、本番の出来が大きく変わります。

説明上手な人は、どんなに得意な話でも、本番前には必ずリハーサルをするものです。

リハーサルには他にも、説明が時間通りに収まるのか、実際に話してみて噛んでしまう箇所はあるかなどをテストします。そして気になった箇所を事前に練習することでクリアにしておくのです。

**POINT**

**説明シナリオを書き、リハーサルも行う**

# Part 4

# 聞き手の「感情」に訴える10のアプローチ

skill

# 31

# 経験談・体験談で共感を得る

話し手と聞き手の距離が近いと、説明を効果的に進めることができます。**話し手に対して親近感を抱くことで、聞き手はより多くのことを話し手から受け取れる**ようになります。

たとえば、出身大学や郷土が一緒だったり、応援するスポーツチームが同じだと、不思議な連帯感が芽生えます。

聞き手と共通点を見出したり、共感を得たりする一番簡単な方法は、どこにでもあるような体験談を話すことです。誰もがかつて経験したことがある、いわゆる**「あるある話」**です。

話自体に特別な価値は必要ありません。ただ、面白おかしく、臨場感を持たせて聞き手に話せばいいのです。あまりに難しい内容や珍しい物語は、共感を得られずただ驚かれるだけなのでこの場合には不向きです。

誰もが経験するような内容ですから、聞き手は所々で頷いたり笑ったりするでしょう。反応があれば、それだけである程度の共感は得られているということです。

さらに、どの部分に反応したかを把握しながら、話を膨らませたり深掘りすることで、より聞き手とシンクロした体験談にすることができます。

聞き手は、自然に話し手との間に共通点を見出し、親しみを感じてくれるでしょう。

ところで、多くの話し手が聞き手に親しみを持ってもらおうと**「失敗談」**を話します。それだけ失敗談は共感を得やすいということでしょう。

しかし、失敗談は、そのあとちゃんと立ち直った話を添えて終わらせないと、話し手の信頼が疑われる可能性もあるので、注意が必要です。

POINT

**失敗談にはフォローも添える**

skill

# 32

# 聞き手の発言すべてに感謝する

説明することに慣れてくると、できるだけ一方通行にならないように、聞き手に問いかけたくなります。

「ここまでよろしいですか。」

「○○を使用されたことはありますか。」

このように問いかけることで、聞き手の関心を得ようとするのです。

聞き手も、ただ説明を聞いているだけよりも、ちょっとした会話ができた方がいいと思っています。じっと人の話を聞くというのは、多くの人にとって苦痛だからです。

しかし、問いかけられたとき、このようにも感じます。

「うまく答えられるだろうか？」

とんちんかんな答えになったら恰好悪い。話し手に怪訝そうな顔をされたくない。他人の視線も気になる。

そう考える人が多いから、「質問はありませんか?」と話し手が聞いてもなかなか手が挙がらないのです。そうなると、盛り上がりに欠けた説明になってしまいます。

それを避けるには、**聞き手がどんな答えを出そうと、「ありがとうございます」とすべてにお礼をしてしまう**ことです。

聞き手が何を言っても、感謝する。内容ではなく、発言してくれた事実に感謝すればいいのです。

感謝を表現することで、聞き手は答えて良かったと思います。内容についても大丈夫だと、話し手からお墨つきをもらえたと安心します。

POINT

**すべての返答に「ありがとう」を言う**

skill

# 33

# 聞き手を褒める

人は褒められると嬉しいもの。褒めることは、良好なコミュニケーションの潤滑油です。説明をスムーズに進めるためにも、聞き手を上手に褒めるスキルを身につけましょう。

上手に褒めるというのは、聞き手にゴマをすることではありません。**聞き手がどこを認めてほしいのかを察知し、共感してあげる**のです。

言葉として一番適切なのは「承認する」でしょうか。

しかし、説明の最中に、聞き手が望む承認ポイントを見つけることは容易ではありません。聞き手は「ここを褒めてください」と書かれたプレートを首から下げているわけではないからです。

しかし、彼らはヒントをたくさん出しています。それを読み取ることができれば、自然に褒めることが可能になります。

たとえば、聞き手が話し手に大きく頷いているときは「その話を理解していること」や「知っていること」に気づいてほしいと思っています。だから、「自分はわかっている」というサインを大げさに出すのです。当然、話し手は、「よくご存じですね」と切り返さなければなりません。

聞き手が質問してきたときは、いくつかのパターンが考えられます。

いい質問だった場合は、「鋭い視点です」「それはぜひ、全員で共有しましょう」「どのようにそのお考えに至ったのか気になります」などが適切でしょう。

あまりいい質問ではなかった場合、たとえば他の聞き手が「?」となっている場合でも褒めることは可能です。「とてもユニークな考えですね」「先陣を切って発言していただきありがとうございました」など。内容が今ひとつのときは、質問という行為を褒めればいいのです。

POINT
**聞き手の言葉と行動、いずれかを褒める**

skill

# 34

# 聞き手の名前を呼ぶ

説明は、話し手と聞き手の共同作業です。

双方が親しくなればなるほど、説明の成功確率が高くなります。

聞き手が、説明者に不信感を持っている、相性が悪い、生理的に嫌い、というような状況では、説明の内容がいくらしっかりしていたとしても、うまくいくはずがありません。

**聞き手が人間である以上、頭ではなく心に響かなければ、説明は成功しない**のです。

だから、スピーチでもプレゼンテーションでも、ロジカルなだけでは不十分で、エモーショナルでなければ聞き手の気持ちを動かすことはできないと言われるのです。

聞き手に好意を抱かせる。親しみを感じてもらう。

心理学では、「聞き手と呼吸を合わせる」とか、「聞き手を真似て、自分も同じ動作をするといい」と言われています。「ミラーリング」や「ラポール」という言葉を聞いたことがある人もいるかもしれません。

もしあなたが、そのような知識を所持していなくても、聞き手をこちらに振り向かせ、親しみを感じてもらう簡単な方法があります。

それは、「聞き手の名前を呼ぶこと」です。

聞き手に声をかけるとき、「お客様」ではなく「○○さん（様）」と言うのです。

そのためには、対面して早々に聞き手の名前を知る必要があります。

私は、研修の冒頭、名簿を見ながら、出欠をとることがあります。座席表の通りに座っているか確認すると同時に、名前を読み上げながら、難しい漢字の読み方も確認してしまいます。同じ苗字の方がいる場合は、下の名前で呼ぶこともあります。

**人は自分の名前を呼ばれると、ドキッとするもの。**

「皆さん」でも「あなた」でもなく、名前で呼ばれると、自然と身体が反応してしまうのです。

また、**話し手から名前を何度も呼ばれると、聞き手はその話し手をまるで旧友であるかのように、親しみを感じてしまう**ものなのです。

海外では、親しくなるきっかけとして、

「Call me Ken」

とファーストネームで呼んでほしい、と伝えることがあります。それと同じことです。

**POINT**

**「あなた」ではなく、「○○さん」と呼ぶ**

skill 35

# 聞き手に小さなプレゼントを用意する

人はおまけに弱い。おまけに期待以上のサプライズを感じるからです。

試しに本屋さんの店頭を見てください。多くの雑誌に、おまけがついています。女性誌だけではありません。男性誌にもついています。中には、全冊そろえると模型が完成する、というような付録がメインのものまであります。

百貨店の化粧品売り場では試供品がもらえます。家電量販店ではポイントがついてきます。他にも、「10回買えば1回無料」のようなおまけもあります。

おまけは、言わば小さなプレゼントです。

本来得られるものの他に、プラスαのプレゼントがある。これは嬉しい。

これを日常の「説明」の場面にも応用できないでしょうか？

実際に、モノとしてプレゼントを用意できなくても、聞き手がさりげなく喜ぶようなプレゼントがあるはずです。

「私の説明を最後まで聞いてくださりありがとうございました。」

このような丁寧なお礼も、聞き手にとっては嬉しいプレゼントかもしれません。

1回目の説明で聞き手が不安に感じていることを察知し、2回目の説明の際に答えを準備しておいて、

「前回の説明の際、心配されていたことについて改めて説明いたします。」

と聞き手の不安を完全に取り除いてあげること。これも、聞き手にとっては「覚えていてくれたんだ」「そこまでしてくれるんだ」という嬉しいプレゼントでしょう。

おまけと言っても、モノを差し上げる必要はありません。

**聞き手の名前を覚えている、聞き手の不安を取り除いてあげる、丁寧にお礼を言う。**これらが聞き手の期待を超えるものであれば、それは嬉しい「おまけ」なのです。

**POINT**

**さりげなく聞き手を喜ばす**

skill 36

# 予想外の展開を楽しむ

説明というのは、聞き手がいる行為です。

よく、「自分は変えられるが、他人は変えられない」といった話を聞くと思いますが、説明においても同様です。

「買う意思のない相手に、買いたいと思わせることはできない」、そのように言い切るマーケッターもいます。厳密には、全くの不可能ではないと思いますが、他人を変えるというのは、それだけ困難だということでしょう。

つまり、**聞き手は自分の思う通りにはならない**、そのことを肝に銘じることです。

多少話力がついてくると、「自分なら聞き手を説得できる」と過剰な自信を持ってしまうことがあります。周囲から、期待されたり、頼られたりするとあとに引けなくなり、強引に聞き手を説き伏せようとする。しかし、これではうまくいくはずがありません。**人は、説得されることが大嫌い**なのです。

何を決めるにも、自分の意思で行いたい。人は誰もがそう思うのです。

そこで、ある程度、開き直って考えたらどうでしょう?

聞き手は思う通りにはならない。であれば、したいようにさせてあげよう。そのくらいの気持ちで、聞き手と対峙するのです。

こんなことがありました。

コーヒーが大好きな友人に、最新のカプセルコーヒーマシンを紹介したのです。カプセルをセットするだけで気軽にエスプレッソが抽出できる、今流行のマシンです。私は、いかに便利で美味しくできるか、丁寧に説明したのですが、友人はなかなか興味を示しません。

そこで私は勧めることを諦めて、友人の話を聞くことにしました。

すると友人はコーヒーを入れるプロセス、とくにコーヒーが抽出されるときに広がる香りが何よりも好きであることがわかりました。カプセルマシーンは、匂いがほとんど出ません。またその手軽さも、友人の望むところではありませんでした。

私は、自分の意見を押しつけて、友人を変えようとしていたようです。しかし、友人にとって、手間と香りはコーヒーの欠かせない要素だったのです。

このように、相手を変えようとせず、好きにさせれば、思いもよらない意見や見えなかったニーズが出てくることもあります。

実は、そのようにして聞き手に話をさせた方が、説明がうまくいくことも多いのです。

POINT

**聞き手に話をさせる**

skill

# 37

# 自分もワクワクしながら説明する

話し手の話を楽しく聞けるかどうか、応援したいと思うかどうかは、話の内容よりも、話し手の見た目や雰囲気次第であると言えます。

**説明もスピーチも、聞き手が楽しんでくれたら、かなりの確率で成果につながります。**


そもそも、説明している場が、明るく楽しいものなら、話し手にとってもやりやすいはず。

つまり、そんないい場を保つことはとても重要なのです。


そのために必要なことは、意外とシンプルです。

話し手自身が、

「この説明ができて楽しい。」

「この人に伝えることができて嬉しい。」

そんな気持ちで説明するといいのです。

何も、後ろめたいことを説明するわけではありません。

聞き手にとって良かれと思うことを伝えるのですから、それは話し手にとっても楽しい行為です。であれば、説明すること自体にワクワクしてきませんか？

逆に、**「ワクワクするような気持にならないことは説明してはいけない」**とも言えます。

自分が伝えること、たとえば自社の商品やサービスに自信が持てないのなら、説明する前に、そのことについてよく勉強して、聞き手のことも考えて、「説明する価値がある」と自分が心から思えるところまでもっていく。

そうすれば、「説明」は、あなたにとって価値ある行為になります。

**POINT**

**説明する意義を感じなければ説明してはいけない**

skill

# 38

# 喜怒哀楽を素直に出す

先ほど、「ワクワクしながら説明しよう」と言いましたが、これは少し抽象的ですね。

読者の皆さんの中には、

「どうやって、自分がワクワクしていると聞き手にわからせるのですか？」

と疑問に思う人もいるでしょう。

人はそれぞれ、もともとの外見がすでに楽しそうに見える人もいれば、別に普通にしているのに、「機嫌が悪そう」と誤解されてしまう人もいます。「ワクワク」が伝わりにくい。そんな人もいるはずです。

たしかに、大の大人が「ワクワク」って、ちょっと恥ずかしいかもしれません。

アメリカの著名なコンサルタントのトム・ピーターズ氏の著書にも、かなりの高頻度で

「ＷＯＷ」と出てきますが、「ＷＯＷ」ってどう表現すればいいの？と私も思います（笑）。

ワクワクしたいし、意味もわかるけれど、実際にはどんなふうに振る舞えばいいかわからない、そんな人には、いつもこうアドバイスしています。

**「喜怒哀楽をちょっと大げさに表現してみましょう。」**

喜怒哀楽とは文字通り、嬉しいときには嬉しそうに、楽しいときは楽しそうに振る舞うことですが、日本人の多くが苦手にする所です。

なので、笑顔が上手に作れない人は、「悔しい」「悲しい」から表現してみたらどうでしょう？

私は、楽しい話の前に、それを際立たせる前フリとして、悔しい思いや悲しかった経験を話すことが多いのですが、それを少し大げさに表現してみるのです。

「バブルがはじけたときは、商品が山のように返品されて、本当に辛かったなあ。」

この台詞を、「思い出すと涙が出る」と言わんばかりの様子で話してください。

私たちは、明るく楽しそうな話し手についてはよく見かけるので知っています。ところが、全身で悔しそうに話す人や、悲しい話をしながら涙をこぼす人などは、あまり見た経験がないはずです。だから、印象に残ります。

年配の方であれば、今は亡き美空ひばりさんが「悲しい酒」という歌を歌うとき、涙を流していたことを覚えている人もいるでしょう。泣くという行為は、それだけインパクトがあるということです。

**人は喜怒哀楽を見せられると、その人の本当の気持ちに触れたような気になります。**

POINT

**説明しながら泣いてみる**

skill

# 39 「笑われる」のではなく「笑わせる」

説明が単調で、場が静まりかえる。

そんな状況では、聞き手もつまらなそうなそぶりを見せるでしょう。そして、それを感じた話し手は、さらに焦ってドツボにはまる。

説明を盛り上げるには、多少なりとも笑いがあった方がいい。そう思っている人は多いと思います。たしかに、笑いが起これば、場が和みます。

しかし、笑いと言っても、あなたはお笑い芸人でもなければ、あなたの説明も漫談ではないのですから、聞き手が腹を抱えて笑う必要はありません。聞き手が「わかるわかる」と思わずニヤリとしてしまうようなそんなライトな笑いがいいでしょう。

ところで、聞き手を笑わそうとすると、誰もが考えてしまうのが自虐的な笑いです。

自分を落として笑いを取ろうとするのです。マヌケな失敗談や顔芸などの一発ギャグと言えばイメージできるでしょうか。

しかし、そうした自虐ネタは、思い切りすべることもありますし、なにより、話し手の品位を落としてしまう可能性があります。

では、どんなふうに、説明の場に笑いをもたらすのか。

私が、よく言うのは、聞き手に「笑われる」のではなく「笑わせる」ということです。

**自分を落として、笑われるのではなく、その場にある何かを使って、場を「笑ってもいい雰囲気」に仕上げます。**

30代後半の方ならわかると思いますが、「ドリフターズ」や「ひょうきん族」のような一昔前のお笑い番組を思い出してください。

芸人が着ぐるみを着たり派手な化粧をする。ずっこけたり、水を被ったり、上からたらいが落ちてきたりする。これらは、自分のことを笑ってもらおうとする、自虐的な笑いです。

一方、最近のお笑い番組は、司会者（MC）が中心となって、ゲストの方とのやり取りや、失敗やトラブルを録画したＶＴＲにコメントをすることで、笑いを取っていきます。自分を落として笑いを取るのはリアクション芸人くらいになりました。

説明における話し手もＭＣと同じです。聞き手とのやり取りの中から、面白そうな話を見つけて膨らまし、笑いにつなげます。誰にでもひとつや2つは面白い所があるものです。ネタに困ることはありません。

話し手が一方的にボケるのではなく、聞き手も巻き込んで笑いを作る。

それは、「笑ってもいい場作り」でもあるのです。

POINT

**笑いで場を和ませる**

skill

# 40

# 聞き手に近寄り、軽く触れる

聞き手に「触れる」ことは、スキンシップと言い換えれば、コミュニケーションにおいてとても効果的な行為になります。一方、「お尻にタッチ」となれば、それは痴漢行為であり、会社で行えばセクハラになります。

効果的な、「触る」という行為ですが、間違った使い方をすると大変なことになります。

しかし、説明上手は、確実に聞き手に触れています。

たとえば、ゴルフをしている人に正しいフォームを説明する際、言葉だけではなかなかわかってくれません。聞き手の身体に直接触りながら、「ここを伸ばして」「足は固定して」と説明した方がはるかに伝わります。

**何かを教える＝やり方を説明するという行為においては、「やってみせる＝手本を見せ**

る」と同じくらい、「身体に触れて修正する」ことは効果的なのです。

教えるという目的があれば、先生が生徒の身体に触れることに違和感はありません。

一方、説明者はどうでしょう。先生ほど、その権利は強力でないかもしれません。

「教える」行為と「触る」は比較的馴染みがありますが、「説明する」行為と「触る」はピンときません。しかし、**人の触覚に訴えることは、スキンシップで証明されているように効果があるのは間違いない**のです。使わない手はありません。

たとえば研修の場では、このように使っています。

いい意見を述べた人の肩を叩いて「よくやった！」という意志表示をする。

悩んで落ち込んでいる人には、「もうちょっと頑張ってみよう！」と肩をもむ。

グループで成果を上げたときは、メンバー間でハイタッチ。

説明の場でも、工夫次第で聞き手に触れることができるはずです。

商品の軽さを感じてもらうために、聞き手の手をとって、商品を手のひらに乗せる。

「どうぞこちらに」と誘導しながら聞き手の腰を支えるように触れる。

ただし、触れるという行為は、される側の印象によってその意味合いが変わることがあります。

イケメンに触られる場合はスキンシップで、おじさんだとセクハラ、ということがありますので、聞き手に触れる際は細心の注意が必要です（笑）。

しかし、成功すると話し手と聞き手の距離は一気に縮まります。チャレンジするだけの価値があるのが「触れる」という行為です。

POINT

**視覚・聴覚に加え、触覚でも訴える**

# Part 5

# 意識するだけで効果がある
# 10の話し方

skill

# 41

# 話す前に一呼吸

話し手が落ち着いて話をすることは、聞き手を安心させることにもつながります。確かに、慌てて説明されても、困りますよね。

説明は聞き手の決断を促す手段でしかありません。にもかかわらず、「時間内で説明する」ことを求められたりすると、つい、それ自体が目的となってしまい、時間内で説明できたことに満足してしまうのです。

説明が時間内に収まることは成果ではなく、聞き手が理解し決断し行動することこそが成果です。

つまり、**いくらあなたが「説明がうまくいった」と思っても、聞き手が理解して行動に移せなかったら、成果は出なかったということになります。**

ですから説明力を上げるためにも、「自分を冷静に保つ方法」を持っておいた方がいいでしょう。

「手のひらに『人』と書いて飲むといい」といったおまじないのようなものでもいい。こうした験担ぎは、結構たくさんの人がやっています。

また、「自分を落ち着いているように見せる方法」も意識して行った方がいいでしょう。実際の本人がどうであれ、落ち着いて見えるようにすることは、聞き手を安心させる意味においても重要です。

簡単な方法としては、**冒頭に挨拶したあと、一呼吸置く**ことです。

話しはじめに「皆さんこんにちは。早速ですが……」とやらない、ということです。聞き手の時間を無駄にせず、テンポ良く話すことはいいのですが、「この話し手は急いでいるのかな」と思われては元も子もありません。

それから、「挨拶被り」にも気をつけましょう。

説明の冒頭、話し手が挨拶をすれば、聞き手から挨拶を返されるのが普通です。その際、話し手が慌てて話を進めてしまうと、聞き手が返してきた挨拶と話し手の言葉が被ってしまうことがあります。そのときの「あ、スミマセン」の瞬間が何とも切ないのです。話し手は、「焦って先を急いでスミマセン」、聞き手にしても「話を止めてスミマセン」とばつが悪い感じになり、もうこれからは黙って聞こう、と思ってしまうのです。

挨拶は元気よく発声。そして、一呼吸。聞き手からの挨拶を待ちます。

もし挨拶が返ってこなかったとしても、元気よく落ち着いてスタートできることはいいことです。挨拶が返ってきたら、それをありがたく頂戴し、ゆったりとした雰囲気で本題に入ればいいのです。

**POINT**

**焦らず、ゆっくりと説明しはじめる**

skill
# 42
# とりあえず、噛まない

説明上手になるためには、まず、噛まないことが重要です。

お笑い番組などで、勢い余った芸人が大事な所で噛んでしまう。そしてそれを周囲から突っ込まれる。そんなシーンを目にしたことがあるでしょう?

「ここで噛んだらアカン!」そういう場面は、説明においても当然あります。

別に笑いを取るために説明しているわけではないにせよ、大事な場面で噛んでしまうと、何となくその場の流れが止まってしまいます。許容はされますが、些細なことで聞き手の意思決定の勢いを削いでしまうのはもったいない。

もしあなたが説明上手として認められたいのなら、噛まないための練習をする必要があります。

テレビのアナウンサーのように、早口言葉を繰り返したり、「ああいいううええ……」

と発声練習するのもいいですが、**詩の朗読も効果的**です。

実際に私は、流暢に話すための練習として、谷川俊太郎先生の「生きる」という詩を何度も繰り返し朗読しました。ただ朗読するのではなく、一息である程度の行数を読んだり、読むスピードを変えたりしました。何度も練習を繰り返すと、当然滑舌がよくなります。

さらに、詩ですから、感情を込める練習にもなります。

他にも、息継ぎを意識することで、声が長く出せるようになります。息継ぎの際の「ハアー」という呼吸音も小さくすることができるようになります。

また、**ラップミュージックをカラオケで練習するのもいい方法**です。

しゃべり上手になるためには「発音」の練習も必要です。

誰でも自分オリジナルの声を持っています。いわゆる地声です。ただ、それ以外にも、声は出るものです。

声優さんは一人で何通りもの声を出します。彼らはプロかもしれませんが、肉体的には私たちと何も変わりません。あなたにだって、2つ3つ程度の声は出せるはずです。

仮に2種類の声が出せるとしたら、説明の中の対話のシーン（たとえば、過去のQ＆A）で、声を変えて話してみましょう。臨場感が出て、話慣れている感じになります。

そして不思議なことに、声を意識すると、さまざまな変化が起こります。まず声のボリュームが大きくなる。そして、抑揚もついてきます。**ただ自分の声を意識するようになるだけで、発声が変わってくる**のです。

また、自分が出した声に少しでも特徴をつけようと練習するうちに、通る声や説得力がある声が出せるようになります。

楽器は、素人がいきなり触っても音は出ます。ただそれは、聞くに堪えない不協和音。しかし、練習して上手になると、同じ楽器から美しい音を鳴らすことができるようになります。人間の声も全く一緒です。

POINT

## 声を出すトレーニングを続ける

skill

# 43

# 基本早口、ポイントでゆっくり

説明する際、どうしても早口になってしまう人がいます。

一番の理由は**情報量が多すぎる**こと。

あれもこれも限られた時間で説明しないといけないので、自然と早口になってしまうのです。これはもう、情報量を減らすしかありません。

全部伝えたいというのは、話し手の都合でしかありません。聞き手の理解が何よりも最優先と考えることができれば、理解できる文量、スピードで説明するはずです。

次に、もともと早口な人はどうするか。

ゆっくり話せと言っても、難しいでしょう。早口が身体に染みこんでいれば、修正は簡単ではありません。そういう人は、「好かれる早口」を目指しましょう。

早口自体は、悪いことではありません。むしろ、テンポ良く話すことは軽快さを感じさせます。弾むようなリズムで話ができたら聞き手もノリやすいはずです。

「早口はいけない」というネガティブな印象があるのは、「早口＝聞き取りにくい」と思われているからです。それなら問題は解決です。聞き取りやすい早口になればいいのです。**聞き取りやすい上に、軽快でノリがいい。それが、「好かれる早口」**です。

そのためには、しっかり発声すること。とにかく声を前に出すようにしましょう。早口なら、せめて声を張るのです。

地声が小さくてどうしようもないという人は、話す際に必ず聞き手の方を向いて話しましょう。資料に目を落としながら話したり、スクリーンを見ながら話さないこと。**小さな声でも、しっかり前に向かって出せば聞き手に届く**ものです。

そして、自分が重要だと思う箇所だけでいいので、意識してゆっくりと話してください。

そうすると、早口な部分とのコントラストで、重要な部分が生きてきます。

POINT

**早口を逆手に取り、強く印象づける**

skill

# 44

# 頭の中でＢＧＭを鳴らす

自分のペースでまくし立てるように話してしまう人は「好かれる早口」にはなれません。そんな人は、ＢＧＭをかけながらしゃべる練習をするといいです。できれば、ゆっくりした曲を選びましょう。私のお勧めはボレロです。

**優雅に流れるＢＧＭをバックに、まくし立てるように話すことは難しい**ものです。ＢＧＭをかけることで自分の早口のリズムを壊してしまうのです。最初は何となくやりにくいと感じるもしれませんが、騙されたと思って続けてみてください。そのうち、話すスピードをコントロールできるようになります。

ＢＧＭの効用は、それだけではありません。

本来は、自分を調子に乗せるために使います。ドライブしているときに、ＢＧＭをかけて軽快にハンドルを握る、そんな感じです。

お気に入りの元気になる曲を選んでＢＧＭにしましょう。多少うまくいかないことがあって落ち込んでいても、その曲をかけると気分を変えられる、そんな曲がいい。

心理学ではアンカーと言います。アンカーとは条件反射のきっかけになるもの。ＢＧＭが自分を調子に乗せるアンカーになるといいですね。

ＢＧＭは、説明の練習をするときだけでなく、本番のときも流します。もちろん、実際の説明現場で音を出すことは難しいので、想像上の話です。**説明をしている最中、重要な所で、深呼吸。そのときに頭の中で自分を高める曲を流すのです。**

フィギュアスケートの選手はリンクに上がる手前の控え室で、自分を落ち着かせたり、高ぶらせたりする曲を直前まで聴いていると言います。そしてリンクに上がれば、自分が選んだお気に入りの曲で舞うのです。

ＢＧＭや音楽を上手に使うことは、自分を乗せていく効果があるのです。

POINT

**ＢＧＭで自分をコントロールする**

skill

# 45

# 同意共感の弱を使う

上手に話すために必要なテクニックとして、以下のようなものがあります。

1 テンポ
2 抑揚
3 間
4 強弱

「テンポ」については、「好かれる早口」になればいいということです。発声をしっかりして、噛まずに軽快に話せばいいのです（43項参照）。

「抑揚」は、「強弱」と似ていると感じる人もいるかもしれません。

辞書で調べると、「話すときの音声の調子を上げたり下げたりすること」とありますが、そもそも調子を上げるとはどういうことかわかりづらいですね。

なので、抑揚は、「感情を込めて話すこと」と考えていいと思います。役者の人がセリフを言うとき「気持ちがこもっているなあ」と。あんな感じです。

次に「間」ですが、これはちょっと難しい。

下手をすると間延びしたような印象になります。しかし、この「間」が上手に作れるようになると、落ち着いて話しているような印象になり、さらに聞き手に考える時間や納得するための時間を与えているような余裕を感じさせることができます。

**軽快に話しているときに、重要な所でゆっくり話す。**そして**聞き手に考える時間を差し上げる。**そうすることで、実際に会話をしていなくても、話し手と聞き手の間に、見えないやり取りが成立するのです。

最後に「強弱」。これは声にメリハリをつけて、一本調子にならないようにすること。

メリハリとは本来、声の高低を表しますが、一般には声の大小と考えていいでしょう。

そして、強と弱の使い分けですが、ほとんどの人が曖昧に考えているようです。強については、強調と言うくらいですから、**重要な部分を強めに話す**ことでいいと思います。

しかし弱はどうでしょう?「内緒の話や、マイナスの話を小声(弱)で」と思いますか?

いいえ、ダメな所ほどはっきり伝えないとトラブルの素ですよね。

実は**弱は、聞き手に語りかけるときに使います**。

たとえば、

「ここまでよろしいですか?」

「実際にはなかなかうまくいきませんよね。」

の、「ですか?」「よね」の所を弱く発音します。

すると、言われた聞き手は、素直に頷いてしまうのです。私は、これを「**同意共感の弱**」と呼んで研修でも多用しています。

**POINT**

**声の強弱でメリハリをつける**

skill
# 46
# 接続詞を効果的に使う

説明上手になろうと思ったら、話力をつける必要があります。

話力がつけば、聞き手をぐいぐい引きつけることができるようになるからです。

単調な話や皆が知っているような昔話のようなものでも、話し手に話力があると、聞き手はその物語の中にスッと入り込むことができます。昔の紙芝居のおじさんみたいな感じですね。

これは朗読でも同じです。ただ物語を読み上げるだけなのに、テレビアナウンサーなど話力がある人が行うと、イベントとして成立してしまいます。

しかし、普通の人が行うと、話力がないために単調でつまらないものになります。

それはそうです。普通の人は、「しゃべりのレッスン」など受けていません。アナウンサーのように早口言葉で練習もしていません。ですから、流暢に話すことなどできなくて当たり前です。

ところが、そんな「流れるように話せない」「ときどき噛んでしまう」あなたでも、聞き手を引き込む話し方はできるのです。

それは、接続詞の活用。

「だから」「しかし」「さて」「ところで」といった言葉です。

これらは、印刷されている文章にたくさん出てくると、ちょっと目障りな感じにもなるのですが、話しているときは、いいアクセントになります。

どうするかと言えば、**接続詞の所を、意識して強めに話す**のです。

「しかーし、そのときにすでに、事件ははじまっていたのです。」

というように、少し音を伸ばしたりして目立たせます。言い方をほんの少し変えるだけで、聞き手は話に引き込まれる感覚を覚えます。

また、接続詞のあとにはどんな話が続くのか、聞き手は予測できます。

たとえば、

・「しかし」のあと↓逆の話になる
・「だから」のあと↓話が展開する
・「ところで」のあと↓話が変わる

つまり、**接続語は、話の水先案内人**の役割も果たすのです。聞いている人を楽にしてあげましょう。

**POINT**

**接続詞をアクセントとして使う**

skill

# 47

# 「要は」「要するに」を多用しない

説明は簡潔に行うこと。

だらだらと説明するのではなく、ポイントを絞って説明した方が、聞き手は理解しやすくなります。


だから、話し手はそのことを意識するあまり、

「要は……」

「要するに……」

という言葉を繰り返してしまうのです。


しかし、考えてみれば、**ひとつの説明の中に「要は」が3回も出てくるようなら、それはもう全然まとめられていないのと同じ**です。

ひとつの話題で「要は」「要するに」が使えるのは1回限りだと思った方がいいでしょう。

また、この「要は」「要するに」は、誤解を与えやすい言葉なのです。下手をすると、**聞き手をバカにしているような印象を与えてしまう**ことがあります。

話し手としては、親切にわかりやすくかみ砕いて話そうと思っているのだとしても、聞き手には、「君たちには難しすぎてよくわからないだろうから、私が簡潔に話してあげよう」という意味合いに感じ取れてしまうのです。

特に、話し手が、なかなかわかってもらえずイライラしているときは、「要は」の語気が荒くなり、「もう、何度説明したらわかるのさ?」という態度に見えてしまうのです。

POINT

**聞き手が不快になるフレーズは使わない**

skill

# 48

## 「〜けれども」「〜が」を多用しない

話し手に変な口癖があると、聞き手は気になってしまいます。

よくあるのが、「**えーと**」や「**あのー**」という口癖。


他にも、女性にありがちな口癖に、「**ウン**」があります。

「このように商品は店頭に並んでいきます、ウン。」

「昨年比で30%の売り上げアップを目標にしています、ウン。」

というように、文末に「ウン」をつけ加えてしまいます（「ハイ」の場合もある）。

本人は、かわいい感じでリズムを刻もうとしたり、聞き手への問いかけ的に使っているのかもしれませんが、かなり耳障りです。


男性に多い口癖に「**〜がぁ**」があります。

「いろいろ各営業所で問題が発生していますがぁ、」

「景気はいっこうに良くならないわけですがぁ、」

この「がぁ」というのは濁音で、聞いていて気持ち良くありません。


これと似たような言葉に「**〜けれど（も）**」があります。

「私のテーマなんですけれど」

「皆さんご存じだと思うんですけれども」

これらは
「私のテーマは」

「皆さんご存じのように」

と言えばいい。こちらも「けれど」「けれど」と連呼されると、濁音ですし、「BUT」「BUT」と連呼されているようで、耳障りです。

POINT

**知らないうちに染みついた口癖は意識して直す**

skill

# 49

# 説明の中のサビを意識する

話し手本人が、自分を鼓舞して説明に当たるために、頭の中でＢＧＭをかけるといいと言いました。

ここでは再び音楽的な発想を説明に活用してみましょう。

説明は、「聞き手の理解↓行動」へスムーズに導く行為です。

聞き手にとって最初は知らない不安な世界。そこから説明を聞くうちに少しずつ視界が開けてきて、次第に経験を積んで自信もわいて、最後は見えてきたゴールに向かって力強く進んでいく。言わばこのような流れを作っていくことが必要なわけです。

最初は大人しくはじまり、変化があって、最後は力強く。

これは、歌のＡメロ～Ｂメロ～サビの構成とよく似ています。

説明においても、ここで聞き手が完全に理解して、行動しようという気持ちになる「サビ」に当たる部分があるはずです。そしてその部分は、歌のサビのパート同様、他のパートとは違ったテンションで聞き手に伝えるべきなのです。

**最初から最後まで淡々と行われる説明は、メロディーが単調な音楽と同様、聞き手に飽きられてしまいます。**

**聞き手にはっきりと、「ここからが最も重要ですよ。しっかり聞いておいてくださいね」と言葉にせずとも伝わる工夫。それが、説明の「サビ」の部分に求められます。**

顔を上げて、姿勢を正して、声は大きく強く。そんなふうに説明のクライマックスを迎えましょう。

Aメロは悔しそうに、Bメロは少し落ち込んだ感じで、サビは一転、何があっても諦めないぞという意欲を全面に出して、というように、自分の中で説明のテンションや感情の変化を演出してみるのです。

聞き手の心を動かすには、ときにこうしたお芝居のような演出も必要です。

コンサートでも、立ち上がりの数曲は盛り上がる曲。そのあとはしっとり聞かせるバラード。そしてクライマックスは、再びノリノリの曲。というように、観客が楽しめるように構成されています。

それぞれの曲でも、たとえば松任谷由実さんの「ひこうき雲」はゆっくりとしたAメロからはじまって、サビは高音で伸びのある歌い方。それに対して「リフレインが叫んでいる」では、印象的なイントロからいきなりサビに入ります。

説明の中に、サビにあたる部分をしっかり作ることと、その位置を決めることは、説明の効果を高める上でも重要です。

**POINT**

**説明のクライマックスは声を強く、姿勢を正しく**

skill

# 50

# 語尾までしっかりと話す

説明のクライマックスでは、声を大きく出してアピールする必要があると言いました。しかし、自信がない人などは、なかなか大きな声が出せません。極度の緊張や、聞き手からの注目、または無関心に堪えかねて、気持ちが落ちてしまうのでしょう。
また、文章の出だしは元気なのに、最後の方で声が細くなる人もいます。これでは何か都合の悪いことでもあるのではないかと、聞き手が疑ってしまいます。

語尾が小さくなる人は、信頼されにくいだけでなく、言っていることも伝わりづらくなります。なぜなら、日本語の文章は、意味を決定づける肝心の「動詞」が文末にくるからです。**最後の方が聞き取れないと、意味不明になってしまう**のです。

英語なら、「I love you 私は、愛している、あなたを」というように、文章の早い段階で何が言いたいのかわかる構成になっています。ところが日本語は「私は、あなたを、愛している」と文章の核心が最後にきます。文末が聞き取れないと、「あなたが私をどうするって？」と内容が伝わらなくなるのです。

語尾に関する問題は、他にも「誤解されやすい表現が多い」ことがあげられます。たとえば「～だ」と断定するのか、「～だと思う」と推測にするのか、これも語尾が聞き取れないとはっきりしません。他にも、「～と言った」と「～と言おうとした」これも、言ったのか言わないのか、事実としては大きな違いなのですが、語尾を濁されると曖昧になってしまいます。

**話し手として信頼を失わないこと、そして聞き手に誤解を与えないことの両面で、語尾まではっきりと話すことが重要**です。

POINT

**文章の最後まで気を抜かない**

# Part 6

# 説明上手に見える<br>10の立ち居振る舞い

skill

# 51

# 上手に身を乗り出す

説明の途中、気がついたら〝身を乗り出して〟話をしていた。そんな経験は誰にでもあるものです。意識せずとも、重要な所ではつい力が入ってしまいますよね。

この身を乗り出すという行為は、通常は、前向きで熱意があると受け取られます。聞き手に与えるインパクトも大きく、印象も悪くありません。

しかし、一方で注意も必要です。

身を乗り出し、聞き手に向かっていく動作は、やりすぎると、強引に売り込もうとしているような印象を与えてしまうからです。それでは聞き手は引いてしまうでしょう。

焦って、早口になったり、声を張り上げたり、目を見開いたり。

話し手としては、「ここでなんとしても決めてやる！」と考えるのかもしれませんが、その鬼気迫る感じが、「威圧的」と思われてしまえば、うまくいくものもいかなくなります。

さらに、それまでの話し手の印象が悪ければ、前に出るという積極的な動作でさえ、「馴れ馴れしい」「ずうずうしい」と判断され、聞き手から敬遠されてしまうのです。

マイナスな印象を与えないためにお勧めなのは、**目を見開かず、声も張り上げずに、身体だけを前に持っていく**こと。

声を張り上げて相手に聞こえるようにするのではなく、前に出て相手に近づくことで、同じ声のトーンでも聞き手に聞こえるようにします。

目を見開いて表情を目立たせるのではなく、顔を近づけることで表情を大きく見せるのです。

**前に出るという動作は、「今まさに重要な部分を説明しているのですよ」という意思を視覚的に訴えます**。

視覚と言えば有名な「メラビアンの法則」を聞いたことがある人は多いでしょう。アメリカの心理学者、アルバート・メラビアンは、「人が話を聞くとき、どんな要素から聞き手を判断するか」という実験を行いました。その結果は以下の通りです。

話の内容などの言語情報＝Verbalが7％
口調や話の早さなどの聴覚情報＝Vocalが38％
見た目などの視覚情報＝Visualが55％

この割合から「7－38－55のルール」や、3つの頭文字を取って「3Vの法則」と言われています。

聞き手は視覚情報から多くを感じ取るのです。

POINT

**アピールしたいときは、冷静かつ意図的に前へ出る**

skill
# 52
# 凛として優雅に

直立不動で説明をしていませんか？　それでは話し手の緊張が伝わりすぎて、聞く方も困ってしまいますよね。

しかし、人前で話すことに慣れていない人は、頭ではわかっていても、結果的にそうなってしまうようです。

そこで、自分に暗示をかけましょう。

まずは、**自分の動きをゆっくり大きくします**。深呼吸と同じで、動作をゆっくり行うと、不思議と落ち着いてきます。そして、「自分は全く緊張していない。それどころか堂々と優雅に振る舞うのが本当の自分だ」と思い込むのです。これが暗示です。

説明の際の動作をすべて優雅に行うようにしてください。

たとえば、説明をはじめるときの所定の位置への移動も、歩幅を大きくゆっくり歩きます。最初の挨拶を丁寧に行い、お辞儀も深くします。

この一連の動作は、自分を落ち着かせると同時に、聞き手にも安心感を与えます。

さらに余裕ができたら、**説明の合間の動作もゆっくり、大きく**してみましょう。

たとえば、「ポイントは3つあります。ひとつ目は……」と話すときに、姿勢を正し、自分の利き腕をすっと上げ、指を1本ピンと立て、それを自分の目の位置まで持っていって前に出します。

凛として優雅に。聞き手には堂々とした話し手の態度に映ります。

同じ動作でも、指が曲がっていたり、腕を腰から胸の位置で止めてしまうと、逆に自信がないように思われるので要注意です。

POINT

**すべての動作をゆっくり大きく**

skill
# 53
# 「。」のときは動作を止める

説明する際は、ジェスチャーを交え、さりげなく動く。


私の研修を受けた人たちは、日を追うごとに自然な動きができるようになります。

「身振り手振りは大げさに行う。」

「重要な所では前に出る。」

これらのチャレンジは、繰り返し実践していくうちに、様になっていくものです。


一方、ときどきこんな質問をされることがあります。

「むやみやたらに動くと、慌ただしく落ち着きがない印象を与えませんか？」

確かに、ひっきりなしに動き続けたら、見ている方も煩わしいかもしれません。

動いた方がいいが、動き続けてはいけない。

では、どうしたらいいのでしょう？


これは話すときのテクニックの「間」と同様、重要なのはタイミングです。

つまり、「いつ止まり、いつ動くのか」考える。「いつ話し、いつ黙るのか」と一緒です。


答えは、「**話が終わるタイミングで止まる**」です。

文章で言うと、「、」ではなく「。」のときに止まります。


「私はこのような提案をしたいと思います。」

「皆さんも、ご経験がありますよね。」

この「思います。」と「ありますよね。」の部分で、静止するのです。

このときに動き続けていたり、姿勢がふらついていたりすると、いい加減で適当、または自信がない印象を与えてしまいます。

「、」のタイミングで止まる必要はありません。まだ話の途中だからです。話の途中で止まったり黙ったりすると、「あれ？話し手、どうしたのかな？」と聞き手に不安を与えてしまいます。「緊張して頭の中が真っ白になった」「考え込んでしまった」そんなふうに見えてしまうのです。

また、止まるときはしっかりと止まりましょう。この**静止部分は、説明の中でもアクセントになります。話し手の落ち着きを示すだけでなく、「どうだ！」という感じで攻めの場面としても使えます。**

「〜なのです！」「このようになります。わかりますね！」

この「！」の所で、きっちり動きを止める。姿勢もふらつかない。そしてちょっと黙る。「間」と連動することで動きにさらにメリハリがつくのです。

POINT

**「動く」タイミングと「止める」タイミングを使い分ける**

skill

# 54

# ホワイトボードを上手に使う

説明をする際、パソコンの画面をスクリーンに映し出すのと同様に、ホワイトボードを使うことがあります。パソコンの画面は、あらかじめ用意したコンテンツ。そして、ホワイトボードに書くのは、その場で成立したライブコンテンツです。

聞き手の発言をホワイトボードに書くことは、「聞き手が確かにそう言った」という証拠を残すことであり、聞き手の意見を話し手がきちんと受け止めていることを示すものでもあります。

つまり、ホワイトボードを使うと、**ライブ感が出ると同時に、聞き手とのインタラクティブなやり取りが演出できる**のです。

また、ホワイトボードを会場の両脇に置くことで、話し手は必然的にステージを横いっぱいに使うことになり、説明に動きが生まれます。

ホワイトボードを使う際の注意点として、以下の3つに気をつけましょう。

**1 すべての聞き手からちゃんと見えるか確認する**

文字の大きさ、マジックの色（薄さ）、ボードの角度、照明の当たり具合を確認。

**2 読みやすい字**

丁寧に、正しい漢字で書く。

**3 書いたものを消すときの配慮**

ノートに書き写している聞き手が、書き終わったかどうかを確認。

ホワイトボードに書いた文字は、発言とは違って、しばらく残ります。殴り書きの汚い文字も、漢字の間違いも、聞き手の目にさらされ続けます。そこで、話し手の教養を疑われてしまうような板書だと、説明にマイナスに働く可能性があるので気をつけてください。

POINT

**ホワイトボードに書くときは、丁寧に**

skill

# 55

## 会場を広く使う

皆さんの中には、大きな会場で説明する機会がある人もいるでしょう。そんな方には、会場またはステージを広く使うことをお勧めします。**横幅と奥行きを効果的に使うのです。**

横幅を使うとはステージ上を横切るという行為です。最近のイベントや企業のプレゼンテーションでは、ステージ上に大きなスクリーンがあり、話し手はスクリーンに映し出されたコンテンツとうまくコラボしながら説明する光景を目にするようになりました。

かつてマックエキスポで、**スティーブ・ジョブズ氏が、ステージを行き来しながら新製品を紹介し、その素晴らしさを説明しました。**大変好評だったので、その様子は、今でもユーチューブなどで見ることができます。

スクリーンにシンプルですが力強いメッセージが現れます。ジョブズ氏がステージ上を闊歩し、観客に話しかけているときにです。

しかも、ジョブズ氏の影になって聴衆から文字が見えないということは、決してありませんでした。スライドは十分に考えて作られ、リハーサルも入念に行われたからです。

奥行きは、話し手が聞き手に近づいていく動きで表現できます。縦の動きです。

たとえば、大学教授が演台に張りついて授業をしている所をイメージしてみてください。何となく、退屈な感じがしませんか?

もし教授が学生の席に近づいて、その脇の通路を歩きながら、つまり学生と同じ位置で同じ目線で語りかけたら、退屈な講義もとても新鮮に感じるのではないでしょうか?

また、最近のコンサートは、メインステージ以外に、観客席の中央にセカンドステージを置いたり、後ろの席のお客さんに近づけるような通路が設けてあったりと、会場の奥行きを活かした演出が多くなりました。縦の動きができる舞台装置になっているわけです。

なぜ、このように奥行きを使うようになったかと言えば、**話し手や演者が近づくことで、聞き手に強い印象を与えられる**からでしょう。

さらに縦に動くことで、会場の後ろの人たちも喜びます。通常は、後ろの席はよく見えないし、演者との距離が離れすぎて熱気も伝わりにくいのですが、演者が動くことでかなり改善されます。

そのおかげで、コンサート会場の席の価格差を小さくすることができるようになりました。

**POINT**

**話し手の動く範囲を広げる**

skill

# 56 斜めに動く

「動作」の最後のアドバイスは、動く方向です。

「縦の動き（聞き手に近づいていく動き）をした方がいい」とアドバイスするとたまに、聞き手に向かって一直線に迫っていく人がいます。

しかしこれは、やられる方はちょっと怖いです。

また、前に出たはいいが、戻れなくなったという人もいます。これでは、スクリーン上のポイントを指しづらいし、演台に設置されたパソコンの操作もできません。

だからといって、慌てて演台に戻ったり、腰が引けたようにあとずさりしてしまうのもダメです。

何がダメって、すごく恰好悪く見えるからです。話し手の動揺が見えるのは良くありません。

ではどうしたらいいでしょう？

答えは、**「前に出るときは、斜めに動く」**です。

たとえば、聞き手から見てスクリーンが中央、演台がその右側にあるとします。話し手は最初、演台の所にいます。

そこから前に出るとき、まっすぐ前ではなく、斜めに前に出るのです。聞き手から見たら、ステージ上を横切っているように見えます。

そしてそこで、聴衆に身体を開いて「開聴」の姿勢。逆方向を見ながら説明をはじめます。さらに聞き手に話しかけながらスクリーンの方にさりげなく近づきます。そしてまた、ここぞという所で、斜め前に出ていきます。

**ステージを上から見たら、話し手はちょうど∞（むげん）の文字のように動く**わけです。

このように動くと、話し手は永遠に前に出続けることができます。

さらに、会場を横に広く使うことにもなります。ときどきスクリーンを指したり、聞き手に問いかけたりすれば、話し手の動きはもう自由自在と言っていいでしょう。

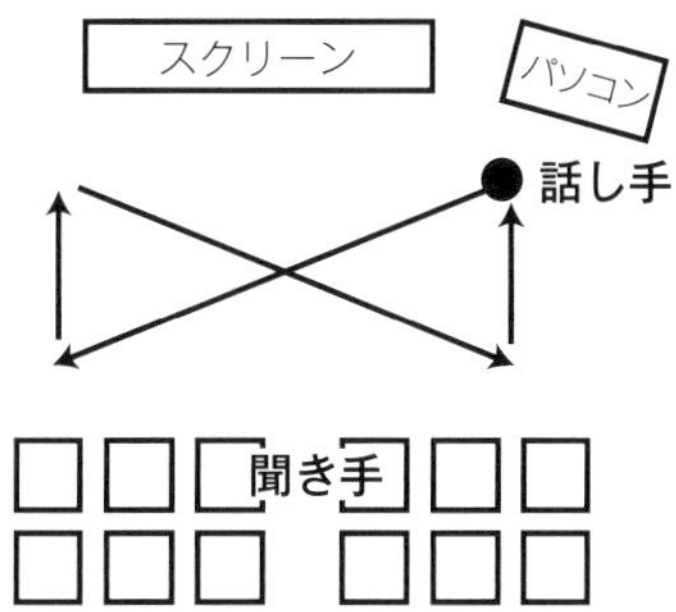


POINT

**∞を描けば常に移動できる**

skill

# 57

# 休めの姿勢はとらない

動きの次は姿勢の話です。

人は話をしているとき、気を抜くと、片足重心になります。

いわゆる、「休め」の姿勢になってしまうのです。いい姿勢とされる、両足に均等に体重をかけて、まっすぐ、しゃきっと立っていることがなかなかできません。

人間は、片足だけで自分の体重を支え続けることができません。疲れてくれば、もう一方の足に重心を移すことになります。そうすると、右足に体重を乗せて休み、しばらくして左足に移して休み、という感じで、横揺れがはじまってしまうのです。

**人は目の前で横（左右）に動かれると、その人に対して、落ち着きがない印象を持ってしまいます。**フラフラしているように見えるのです。

片足重心になると、姿勢も傾きやすい。そうなれば、首が傾く、片方の肩が落ちるなど、どんどん姿勢が崩れていきます。その姿が、聞き手には、だらしなく見えてしまうのです。

研修で、受講生が話している姿を静止画で撮影し、あとからチェックすることがあります。皆、姿勢が悪い上にやたらと動きます。激しい人は、頭2つ分くらい横揺れします。そんな自分の情けない姿を目の当たりにすると、自信がある人ほど落ち込みます。

話してもらう時間はたった3分程度。しかし、そんな短い時間でも、人はまっすぐに立っていられないのです。

**姿勢の一番の問題は、本人が気づいていないこと**です。

自分の立ち姿がどんなに格好悪いか、わかっていません。片足重心になっているなど夢にも思っていない。だから、年齢を重ねても不格好な姿勢で話し続けてしまうのです。

**POINT**

**まっすぐ立つのは難しいと自覚する**

skill

# 58 手の位置に注意

立った状態で説明する。聞き手の話を聞く。

そのときのあなた姿勢は、どんな感じでしょう。

気を抜けば、姿勢が崩れてしまうことはおわかりいただけたと思います。今回考えてほしいのは、手の位置です。

通常、いい姿勢とされているのは、手を腰の位置で重ねて、まっすぐ立つことだと思われています。「手を前で重ねた状態は礼儀正しい印象を与える」そのように教えられた記憶もあるかもしれません。

ただこの姿勢、気をつけるべきポイントがあります。気を抜いていると、マイナスの印象につながる場合もあるのです。

男性の場合、手を前で重ねると丁度股間の位置にきます。
じっとしていれば問題ないのですが、人間はなかなか静止状態ではいられないものです。時間が経つにつれて、少しずつ動きはじめます。指を絡めたり、重ねた手を交互に入れ変えたり。そんな微妙な動きが、遠目からは股間を掻いているように見えてしまうのです。
これはちょっと恥ずかしい（笑）。

手を置く位置に正解はありません。ただし、微妙に手を動かすことはNGです。手を動かしてしまえば、聞き手の注意がそこに集まってしまい、説明に集中できなくなってしまうのです。

また、**手を前で重ねると、身体は前に出にくくなります**。前に出ようとすると、つんのめるような感じになってしまうのです。これでは縦の動きが封じられてしまいます。

手を重ねる以外にも、「腕を組む」仕草はどうでしょう。
通常は偉そうな印象を与えると言われます。たしかに話し手が腕を組んで説明したら、上からものを言われているような感じがします。

また、**怖がりの性格の人が防衛本能で腕を組んでしまうことがあります。**「困ったなあ」という本音が聞こえてきそうで、いかにも頼りない印象になります。

ただこの腕を組むという仕草は、聞き手からの質問に対してあえて行うと、「なるほど」「なかなかいい質問だなあ」という「感心」の意志表示に見せることもできます。

意見を言った本人も、相手が腕を組んで考え込むような仕草を見せると、「自分の意見が認められた」と嬉しくなります。

手を重ねたり、腕を組む仕草が、聞き手にさまざまな印象を与えるのです。

**POINT**

**手や腕の動かし方とポーズを常に意識する**

skill

# 59

# 聞き手には身体の正面を向ける

説明する際、聞き手の目を見て話すことが大切なのは言うまでもありません。
その際、聞き手の方に身体を向けていますか？

研修の受講生を見ていても、相手の目を見て話すことの重要性は理解しているものの、首から上だけでアイコンタクトしようとする人がとても多いのです。

目の前に聞き手が複数いたら、首を左右に振りながら聞き手を見ようとします。ほとんどの受講生がそんな横着なアイコンタクトをするのです。

**聞き手に自分の身体の正面を向けて、目を見ながら話すのが正しいアイコンタクト。**

首をひねっているときにたまたま視界に入ったとか、流し目で見るのでは、かえって悪い印象を与えてかねません。

いいかげんなアイコンタクトは、「睨んでいる」と誤解されやすいのです。

また、**話し手と聞き手の間に距離があると、聞き手は「自分の目を見ながら話してくれているのかな?」と不安になります**。

目が合っているかどうかは、ほとんどの人が感覚で判断しています。なにしろ、目はとても小さい。距離が離れると、目が合っているかどうかは、わかりにくいものなのです。しかし、身体の正面を聞き手に向けたらどうでしょう? 明らかに、その人を見て話しているように見えます。見られている当人だけでなく、周囲の人からもそう見えるのです。

周りに伝わるということは、「この話し手はアイコンタクトをしながら話す」ということを公に知らせているのと同じです。話し手の信頼性向上に抜群の効果をもたらすのです。

**POINT**

**明らかに伝わるアイコンタクトをする**

skill

# 60

# 体格がいい人ほど、表情を柔らかに

目の前に大男がむすっとした表情で現れたら、あなたはどう思いますか？
たじろいだり、恐怖心を抱いたりしませんか？

たとえば見知らぬ異国の地で、身体の大きな外国人に話しかけられたとき、「どうしていいかわからない」という人は少なくないと思います。
それでなくても言葉が通じず不安なのに、大柄な人が無表情で迫ってきたら、当然恐怖を感じます。防衛本能が働き、鼓動が激しくなります。そして、身を守ることが最優先となるのです。

同じことが説明の際にも言えます。
もしあなたの身体が大きかったら、聞き手はそれだけで緊張し、身構えてしまいます。

聞き手がそんな状態では、説明はなかなかうまくいきませんよね。

**説明は、リラックスした状態でなければ、スムーズに運ばない**のです。

聞き手を怖がらせないよう、リラックスできるよう、自分を意識して変える必要があります。表情が硬いと、余計に怖く見えます。低い声も同様です。

体格を変えることはできないのですから、せめて明るい声で、表情を柔らかく（できれば笑顔で）聞き手と接しないといけません。

他にも、**姿勢を低くして、顔を聞き手に近づけることも、柔らかく丁寧な印象につながります**。高級な飲み屋さんで、ボーイが膝を床についてサービスするのと同じことです。立ったままの姿勢では、上から見下ろすことになってしまい、偉そうな印象を与えてしまうのです。

実はこれ、体格の大きな人だけの問題ではありません。

**話し手と聞き手の目の位置に高低差があると、上から見下ろしているようになり、あま**

**り良くありません**。ところが、説明会や会議では、話し手は立って、聞き手は座っていることが多いのです。

だから、説明する環境によっては、背が低い人でも、威圧的にならないように意識して話をする必要があるのです。

POINT

**話し手と聞き手の高低差に気を配る**

# Part 7

# 説明力でこんなに変わる<br>10の場面

skill

# 61

# 商品を売り込む

多くのビジネスマンが説明力の必要性を痛感するのは、自社の商品説明を行うときかもしれません。

営業先やコンペ、展示会で、お客様に自社商品を売り込まなければならない、そんな場面で、「もっとうまく説明できたらなあ」と悔しい思いをしたこともあるでしょう。

商品説明において自社都合で話をしても大丈夫なのは、不特定な聴衆が集まる新商品発表会などのイベントだけだと思ってください。

そういう場面では、その商品の特徴を1から10まで余す所なく話しても構いません。あなたの説明の中から何が重要かは、聞き手が判断するからです。

ところが、このような場面は、商品説明をする機会全体の1割もありません。ほとんどの場合、説明は特定の聞き手、つまりお客様に対して行われます。

**聞き手が決まっているということは、彼らの要望を汲むことが何よりも重要**になるということです。

商品の多々ある特徴の中から、「聞き手」が興味を持っているポイントを把握し、「聞き手」の要望に応え、「聞き手」が抱えている不安を取り除きます。

**「聞き手」が主役になる、それが商品説明の絶対的なルール**なのです。

商品を説明する目的は、聞き手に「買ってもらいたい」「扱ってもらいたい」ということです。その過程に、「知ってもらう」「理解してもらう」というプロセスがあるにせよ、結局は聞き手にその商品を欲してもらいたいわけです。

そうであれば、聞き手が買いたくなるように説明しないといけません。

そのためには、商品の特徴すべてを紹介するのではなく、お客様に合わせてポイントを絞り、

「この商品の○○は、あなたのニーズに合っていますよ。」

と伝え、安心して次の段階に進んでいただくことが大切です。

聞き手は、自分のニーズに合った商品を勧められたとき、「説明の内容」によって購買における不安を取り除き、「説明者の態度」を見て、この人から買おうと決断します。

つまり、商品説明とは、

**1「聞き手が不安に感じている所」を観察や問いかけで明らかにし**
**2 自社商品の「聞き手のニーズに合っている部分」を見つけ、そこに焦点を当て**
**3 自分の言葉や態度で「商売をする相手として私たちは安心です」と証明する**

ことなのです。

**POINT**

**相手に安心してもらうことからはじめる**

skill

# 62

# 要件を断る

相手の申し出を断るときにも説明が必要になります。

断り方が下手だと、変に期待をさせてしまったりして、かえって相手に迷惑をかけることがあります。誤解した相手はきっとこう思うでしょう。

「どうせ断るのなら、はっきり断ってほしい。」

そして、よく言われるのが「断る勇気」。

立場が弱いと、なかなか相手にNOと言えないときがあります。

「NOと言えない日本人」という本もありましたが、日本人の性質的にも断ることに気が引けるのかもしれません。

しかし、「できないものはできない」「無理なものは無理」とはっきり自己主張できなければ、これからの時代、グローバルな環境下で戦っていくことは難しいでしょう。

さて、断るときは、本音では「嫌なものは嫌」という感情的な理由が大きかったりします。しかし、**相手に感情をぶつけてはダメ**です。断る説明としては、感情論は不適切です。

ちゃんと断る理由が、明確かつ正当に存在する。

そして、礼を尽くして断りを入れる。

なぜ断るのか、その理由を簡潔に伝えます。**だらだらと長く語らず、手短に行いましょう。**その場合、**話す順番は、まず結論。**「～についてお断りいたします」そこではっきりと自分の意思を相手に伝えましょう。その上で、「その理由は○○です」と続けます。

何かを説明する際は、3点にまとめるといいのですが、断る理由の場合は1点でも構いません。あまり断る理由が多いと、相手の申し出に対してケチをつけているように受け取られてしまうからです。一番の理由だけを伝えるといいでしょう。

理由が複数ある場合も、相手が「他にありますか?」と聞かれてから答えればいいのです。

そして、**断る説明の際に最も重要なのは、礼を尽くすこと。**

断ること自体は毅然とした態度で行いますが、オファーをくださったことに対しては、最大限の感謝を示しましょう。

一度の断りですべてが終わるわけではありません。これからも関係は続くのですから、相手に「また練り直して出直してこよう」と思わせるような断りの説明を心がけましょう。

「今回はこういう結果になりましたが、ご提案の中の○○の部分はとてもいいアイデアだと思いました。今後もぜひ素晴らしいお話を聞かせていただければと思います。ありがとうございました。」

このように締めくくれば、相手との関係を良好に保つことができるでしょう。

POINT

**断る理由は1点だけにする**

skill

# 63 上司へ報告する

仕事の報告をするときは、**結果をはっきり伝えることが重要**です。

上司が気にしているのは、最終的にどのようになったかであって、それまでの雑多なやり取りや、それこそ「一生懸命やりました」的な精神論は邪魔でしかありません。

小学生の絵日記のように、「朝起きて、顔を洗って……」とはじめてはダメなのです。

できるビジネスマンは、常日頃から上司に自分の仕事をさりげなく報告し、進捗状況を把握してもらっています。だから、まとめてたくさん説明する必要がありません。

もし、あなたが、**大量の営業報告に四苦八苦しているのなら、それは日頃の報告の頻度が低すぎる**のです。報告をためてはいけません。

「上司に何も聞かれなかったから……。」

これは言い訳にすぎません。報告は、求められる前にしないといけないのです。

上司は、遠慮して（あなたが独力で仕事をすることを尊重して）見守っています。途中「大丈夫かな？」と心配になっても、あなたを一人前に育てるためだとグッと我慢しているのです。決して放置しているわけではありません。

なぜなら、放置してまずい結果になれば困るのは上司だからです。

本当は失敗をする前に手を差し伸べたい。なんなら、代わりにうまくやってしまいたい。でもそれでは部下が育たない。だから、上司というのは基本的に部下の自主性を信じて待つものなのです。

上司に聞かれる前に報告できるようになったら、今度は自分の意見やアイデアを添えてみましょう。

**基本的に報告は、すでに起こった出来事について説明するものですが、その出来事（結果）を踏まえて、あなたが次に何をしようとしているのかをプラスして説明する**のです。

これからのことについて上司に説明するという行為は、言い換えると「相談する」ということです。

「報告」と「相談」がセットで行われると、上司の安心感はさらにアップします。

**・「報告→上司の判断と命令→あなたの行動」**

あなた「山田課長。お得意様のA社の納品が予定の期日までに間に合いません。どうしたらいいでしょうか？」

山田課長「では、緊急策として、納期に余裕があるB社分を回して、至急本社から商品を発送してもらってくれ。」

あなた「わかりました。すぐに手配します。」

**・「報告→相談→上司の承認→あなたの行動」の場合**

あなた「山田課長。お得意様のA社の納品が予定の期日までに間に合わないことが判明しました。」

山田課長「……。」
あなた「取り急ぎ納品期日の遅いB社の分を回して、その分は本社に在庫確認して、至急送ってもらおうと思いますがよろしいでしょうか？」
山田課長「わかった。頼むな。ただ念のためB社に納期の再確認をしておいてくれ。」

ただ指示を仰ぐだけの報告から、あなたの提案や意見について上司に判断、了承をいただく報告へ変えるのです。

POINT

**報告と相談をセットで行う**

skill

# 64

# 遅刻の理由を伝える

あなたが約束の時間に遅れそうだとします。

遅刻はなにも出社時だけとは限りません。お客様とのアポイントでも、友人との会食でも、待ち合わせ時間に間に合わなければ遅刻です。

もちろんあなたは、約束をしている相手に遅刻する旨を知らせますね？

その際、遅刻するという事実だけを知らせますか？それとも、その理由も添えますか？

携帯メールなどで伝えるときは、

「10分遅れます。取り急ぎ。」

こんな感じで、理由を書かずにごまかすこともあるでしょう。

寝坊、忘れ物、勘違い。遅刻の原因があなたのミスなら、言いたくない気持ちもわからなくもありません。

しかし、遅刻を告げられる聞き手の立場を考えればどうでしょう？

この言い方だと、急いで遅れを取り戻そうとしているようには見えますが、ただ自分の状況を一方的に伝えているにすぎません。

時間に厳格な友人からこんな話を聞いたことがあります。

世の中には、「絶対に遅刻をしない人」と、「ときどき遅刻する人」という2つのタイプがいて、「あるときは遅刻して、あるときはきっちり時間を守る」というような人はめったにいないそうです。

面白いのは、遅刻されて怒るのは「ときどき遅刻する人」で、たまたま自分が時間通りに来ていることをいいことに、自分勝手に怒るのだそうです。

一方、「時間を守る人」は、遅刻の常習者が遅れることは想定内なので怒りはしませんが、対処はしたいと思っています。まず、事故などの心配を取り除きたいですし、遅れる時間次第で、待っている間に何をするか決めたいと考えています。

だから、遅刻しそうなときは、相手が怒らない人だとしても、理由を説明するべきなのです。

では、遅刻の説明には、どんな内容が求められるでしょう?

これも、聞き手の気持ちになって考えればわかることです。

**1 遅刻の原因**

**2 今の状況**

遅刻の原因が交通機関のトラブルだとしたら、携帯などで情報を共有することができます。

事故やケガをした場合は、助けてもらうことを前提に話をするべきですし、道に迷ったのなら、自分がいる場所の情報を聞き手がわかるように伝えます。

次に、今の状況を説明します。

トラブルに巻き込まれた場合でも、自力で解決できるのか、助けがほしいのかを伝えれば、しかるべき対応ができます。**聞き手を安心させることが大切**なのです。

遅刻をするというのは、ビジネスマンにとって致命的なミスです。下手な言い訳はせず、素直に謝るのは当然ですが、**ただ謝るだけでは事態は改善しません。**言い訳ではなく、そのあとの対処がしやすくなるように、遅刻の理由や現状の説明をしっかり行いましょう。

ミスを取り返すことはできなくても、その影響を最小限にする努力を怠ってはいけないのです。

POINT

**聞き手が対処しやすい情報を盛り込む**

skill

# 65

# 部下・後輩をその気にさせる

最近の若者は打たれ弱いそうです。

実際に大学生に聞いてみても、あまり怒られた経験がないと言います。先輩の命令は絶対で、いくらしごかれても歯を食いしばって耐えるとか、「一気、一気」とお酒を飲まされるような光景は遠い昔。そんな、かつて当たり前に存在した上下関係は、彼らには理解不能なことかもしれません。

「大人しくまじめ、いい子だけど、どこか物足りない。」

若者に対して、そんな印象を持っている30代・40代の上司は多いでしょう。「若者が3年で会社を辞める」というのもあながち嘘とは言いきれません。

打たれ弱い若者は、簡単に会社を辞めて自分探しの旅に出てしまいます。一方、力のある若者は自己成長の機会を求めてステップアップのための転職をします。いずれにせよ、若者を会社に定着させることが難しい時代になりました。

そんな彼らとつき合っていかなければならない古い世代の人たちは、どうすればいいのでしょう。

まず**絶対に身につけておかなければならないのが「褒めるスキル」**です。

最近の若者には、叱咤激励が通用しません。「激励」される前に、「叱咤」でつまずいてしまいます。最初に褒め、認めてあげないと、うまく適応できないのです。

**褒める、認めるときのポイントは、「何が他の人と違うのか」を説明すること**。他の多くの若者にも当てはまるような慣用句的な褒め言葉では、彼らには刺さりません。

「君は他の若者と、○○が違う。だから□□に挑戦してみたらどうだ。」

というように、まず彼らを**一段上に持ち上げてから説明や指示をする**のです。

素直で繊細な彼らをちょっぴり、調子に乗らせることが必要なのです。

**POINT**

**褒めて認めて、持ち上げる**

skill

# 66

## 改善点を伝える

褒めるより難しいのが、改善点を説明する場合です。

改善点を説明するということは、問題があることを聞き手に理解させ、文字通り改善させることが目的。伝え方を間違えて、単なる叱責と取られてしまっては大変です。

ところで、問題点と改善点、この2つの違いは何でしょう?

両方とも、「なんとかしなければならないもの」であることは明らかですが、それを問題点と言ってしまえば、「ここが悪いあそこが悪い」と悪い所の指摘になってしまいます。

一方、改善という言葉の響きには、「対策を考える」といった前向きな印象があります。今より良くなっていこうという意思の表れと受け取れるからです。

だから、まずこの点を明確にして説明に入りましょう。**聞き手の問題点ではなく改善点に言及する。**要は、良くなることが目的です、と。

次に注意することは、**「ひとつだけ伝える」**こと。

聞き手にしてみれば、いくら改善点と言っても、いくつもいくつも出てきたら、良くなろうという意欲も萎えてしまうからです。

そして、「どこが悪いのか」よりも、「どうしたら良くなるのか」に焦点を当てて説明しましょう。よく言われることですが**「WHY（なぜ○○しない？）」と聞き手を尋問するのではなく、「HOW（どうすればいい？）」と未来に向けて明るく問いかける**ことが重要です。

たとえば、営業が苦手な若者には、

「なぜ、もっとお客さんと対話しないんだ？」

ではなく、

「お客さんがどうしたら喜ぶか考えてみよう。」

と問いかけてみるのです。

もうひとつ重要なのは、改善点がすぐには改善されなくても、聞き手に改善の意欲が見られたら、大いに喜び、そして応援している旨を伝えること。

「あなたが良くなったら、私も嬉しい。」

そういうスタンスでいることを、大げさすぎるくらい聞き手に伝えましょう。

POINT

**応援しながら説明する**

skill
# 67
# 恋人へ告白する

プライベートにおける説明の場面で、人生を分かつような重要なものは、恋人への告白かもしれません。

告白に説明?

告白ならば、あれこれ御託を並べるより、「情熱」や「誠実さ」をシンプルに表現した方がいいと思うかもしれません。

もちろん、あなたが容姿端麗で、過去に一点の曇りもないような人なら、「好きです」の一言だけで十分でしょう。

しかし一方で、

「好きって、みんなにも同じこと言っているんでしょ?」

「そんな簡単に好きって言える人は信じられない！」

満を持した告白が、軽薄な言動と思われてしまう。これが恋愛の難しさです。


聞き手が求めているのは、告白の背景や根拠です。

「どうして、私のことが好きなの？」

その答えがやっぱりほしいものなのです。


好きになってくれたことはわかったけれど、その理由が曖昧かつ一過性ものだったら、すぐに別の人の所へいってしまうかもしれない。私は遊び相手かもしれない。

告白される方も、少なからず不安なのです。

したがって、**告白で大事なのは、聞き手の不安を取り除くこと。そのためにすべきことは、「好きな理由をしっかり説明すること」**です。


でもここで、ビジネスプレゼンテーションのように、「あなたを好きな理由は3つあります」なんて堅苦しく話しはじめては興ざめです。

というのも、恋をしている人は、話の内容なんてどうでもいいと思っているからです。

とにかく、あなたがすべきことは、好きな理由を〝たくさん〟並べること。

◯◯も好き、□□も好き、……止まらなく出てくるくらい必要です。聞き手は「△△と言って」ではなく、「もっと言って」と量を求めているのです。

また、他の説明の場合はある程度は流暢に話をしないと準備不足と咎められるかもしれませんが、告白の場合は違います。

途中噛んだっていい。うまく表現できなくてもいい。その方が、むしろ正直な印象を与えるでしょう。

POINT

**たくさん理由を用意する**

skill

# 68

# 自分の熱意をわかってもらう

穿《うが》った見方をすれば、**人が熱意を口にするときは、肝心の中身が伴っていない場合が多い**ようです。たとえば、「事業プランはまだ完成していませんが、熱意だけはあります！」というように。

物事に挑戦する際に、熱意は絶対に必要なのに、口にした瞬間に、どこか言い訳に聞こえてしまう。熱意は態度で示すもので、言葉にしたら嘘っぽくなる。多くの人は、そう考えているのかもしれません。

ただ、明らかに外見や雰囲気で熱意を示せる人もいます。

たとえば体育会系で身体も声も大きいと、それだけで情熱的に見えるでしょう。

どんな人にもやりたいことはあります。それに対しては熱意もあるはずです。ところが、それをわかりやすく聞き手に説明するとなると、内容より外見の雰囲気が勝ってしまい、言葉で熱意をわかってもらうことは意外と難しいのです。

それを解決するには、「頑張った」「大変だった」のような主観的な感想ではなく「○○した」という**客観的事実を伴って説明する**ことでしょう。

「新興国の貧しい子供たちを見て涙が溢れた。彼らに幸せになってほしい」と言うよりも、「ボランティアスタッフとしてカンボジアに学校を3校建てた」と言った方が、本物感が伝わります。

自分の体験談を、そのとき感じた気持ちに事実を交えて、臨場感たっぷりに説明する。**言葉にすれば嘘っぽくなる「熱意」を伝えるには、それを裏づける事実を添えて説明する**必要があるのです。

POINT

**主観に頼らず、客観的な事実を添える**

skill

# 69

## 道を教える

街中で見知らぬ人に突然道を聞かれたら、あなたはスムーズに案内できますか？
「もちろんできる！」と胸を張って答えられますか？
「経験がないから、わからない」というのが本音じゃないでしょうか？

最近では、街を歩いていても、道を聞かれることはほとんどありません。
誰もが、スマートフォンを持つ時代。地図や道案内のアプリが目的地まで連れていってくれるからです。携帯のアドレス帳を使うようになって電話番号を覚えなくなったのと同様、文明の利器はどんどん私たちが本来持つべき能力を奪っていくようです。

道案内とは、言い換えれば、その街を知らない聞き手に、知っているあなたが、**知識の差を根拠にして情報を伝える行為**です。

「知っている人が知らない人に説明する」というシンプルなコミュニケーションですが、うまく説明できる人と、そうじゃない人がいるのも紛れもない事実です。

説明が下手な人の特徴をあげてみると、

1 居住者には馴染みの街のランドマークなどを当たり前のように話してしまう
2 親切心からか、大量の情報を伝え、かえって聞き手を混乱させてしまう
3 聞き手の不安を心から理解することができていない

たとえば東京駅で道に迷っている人に、

「銀の鈴の脇を八重洲方面に進めば、右に見えてきます。」

というような案内をしても、その人が「銀の鈴」を知らなければ伝わりません。

東京駅を利用している人にとっては、「銀の鈴」は有名な目印ですから、無意識に使ってしまうのでしょう。しかし、知らない人にとっては「何それ?」でしかありません。


また、親切も度を超えると迷惑になります。

「まっすぐ行くと右手にコンビニがあって、その角を曲がるとすぐに銀行があります。その道をそのまま50Mくらい行けば、美味しいケーキ屋があって、その向かいはランチが安いイタメシ屋があります。そして……。」

こうした説明をする人は、自分の知っていることを全部言わないと気が済まないタイプかもしれません。でも、こういう人に限って、肝心なことが抜けていたりします。

この例の場合は、コンビニや銀行に会社名がありません。

最後に、**道案内が難しい一番の理由は、聞き手の立場にたって説明する力が求められること**でしょう。これがなかなかできないのです。

聞き手の知識はどの程度か、歩くスピードはどのくらいか、疲れていないか、時間を気にしているのか、などなど。

たとえば時間を気にしている聞き手には、所要時間を伝えてあげるといいでしょう。

「目的地までは約5分で着きますよ。」

このように一言添えるだけで聞き手は安心するでしょうし、もし5分過ぎてもたどり着かなければ、自分が間違った道を進んでいるかもしれないと修正できます。

しかし、「約5分」と言っても、歩くスピードは人それぞれ。年齢差もあるでしょうし、荷物の有無も影響します。だから**しっかり聞き手の状態を観察して、聞き手が何に困っているのか、不安は何かを理解して、道案内をする必要があるのです。**

道を聞いてくる人にしてみたら、東京や大阪のような大都市の交通網は、想像を絶する難しさのはずです。路線の数、入り組んだ駅の構造は困難を極めます。地方都市であれば、電車は1時間に数本、基本は車で移動なのですから。

都市に住んで地下鉄を使っている人でさえも、普段通らない場所では道に迷うこともあるくらいです。上手に説明できるとは限らないでしょう。

しかし、難しいからといって、説明を諦めるようでは困ります。

聞き手はあなたの助けが必要なのです。

**POINT**

**聞き手の事情（不安）を理解する**

skill

# 70

# 自分の夢を語る

「自分の夢を語る（説明する）。」

この言葉、なんだかワクワクしてきませんか？

そう思える人は、自分の夢を持っている人です。しかし、大半の人は、「人に語るほどの夢はない」と思っているのではないでしょうか。

しかし、これからの人生において、「自分の夢を語る」機会は少なからず出てきます。

そのとき、仮に何も語ることができなければ、どこかつまらない人間のような印象を与えてしまうでしょう。

「自分の夢」というのは、持っておくべき大切な話のネタなのです。

説明の効果を考えるとき、「何を言うか」と「誰が言うか」であれば、後者の方が大きいと言えます。夢の説明などは、まさに当てはまります。

たとえば、「夢は宇宙飛行士になって土星に行くことです」と言うと、確かに「何を」の部分は壮大ですが、それを聞いたほとんどの人は「まあ無理だろうけどね」と思います。夢自体のインパクトが大きすぎて、逆にしらけた目で見られてしまう可能性が高いです。

一方「夢は子どもの頃からずっと宇宙飛行士になることでした。筑波のＪＡＸＡにも何度も通いましたし、アメリカのフロリダにロケットの打ち上げを見にいったこともあります。実は今でも、宇宙飛行士の募集があると内緒でエントリーしています」と説明すれば、聞き手が受ける印象は全く違うものになります。

**「あ、この人本気なんだ」と思われてはじめて、夢の説明は成立する**のです。

この場合重要なのは、「子供の頃からずっと」「ＪＡＸＡにも何度も通って」「フロリダに打ち上げを見にいった」「エントリーしている」という実績です。宇宙飛行士になるという**夢そのものよりも、そのために本人が行動してきたことの方が重要**なのです。

POINT

**「この人本気だ！」と思わせる**

# おわりに

「説明力の本を書いてもらえませんか？」

明日香出版社の編集者である久松さんから問い合わせをいただいたのは、２０１２年の暮れでした。

久松さんが私に依頼した理由は、私の仕事の中に、「講師」という言葉を見つけたからです。講師を生業にしているのならきっと説明も上手に違いない、と思われたのでしょう。

確かに、「説明上手は教え上手」であることは間違いありません。そこで私は自分の説明力について考えてみることにしました。見えてきたのは、私にとっての説明力は、「相手の成長を促すためのスキルである」ということでした。

説明力をつけたいと思って、本書を手にしたあなたも同じではないでしょうか？

何のために説明上手になりたいのか？それは単に自分の能力向上だけが目的ではないはずです。特に、あなたが上司や先輩といった立場の人間なら、それがよくわかるでしょう？

私は、こう思うのです。

「自分の説明力を磨くことで、相手の理解力や意欲を向上させることができる。」

自分が多彩な説明スキルを所持することで、どんなレベルの相手にも理解させ、上手に導くことができる。その結果、相手の成長が促進する。

つまり、説明力とは、「相手を助けるためのもの」であり、モノを売るときや人を育成するときに欠かせないスキルなのです。

ぜひあなたも、説明上手になって、あなたの周りの人たちを助けてあげてください。

相手をよく観察して、相手のレベルに合わせて、適切なヒントを与えたり、励ましたりして距離を詰めながら、相手が自ら答えを出せるように導いてあげるのです。

あなたが手にしたこの本で、あなたが説明上手になり、多くの人たちが成長するとしたら、こんなに嬉しいことはありません。

本書の執筆に際して、明日香出版社の久松圭祐さんには、企画段階から大変お世話になりました。また、普段仕事を共にしている方々からも、多いに刺激をいただきました。

最後に、ここまで読んでくださった読者の皆様に、心から感謝いたします。

株式会社サードプレイス　代表取締役社長　五十嵐 健

[著者]

**五十嵐健**（いがらし・たけし）

株式会社サードプレイス　代表取締役社長
1967年東京都生まれ。

大学卒業後、4年間商社に勤務。その後、総務省主催の「世界青年の船」の日本人代表に選出され、異文化交流に貢献。

1998年大前研一のアタッカーズ・ビジネススクールの責任者になり、プログラム開発などの主要業務を担当。約2,000名の起業家志望者を育成。

同時にラジオのビジネス情報番組のパーソナリティーや、本の執筆、企業のベンチャー支援制度をサポートするなど幅広く活動。

2002年に独立し、サードプレイスを設立。プレゼンテーション研修、リーダーシップ研修などを得意とし、参加者一人一人への瞬時のフィードバックなど、研修における場づくりのセンス、ファシリテーションスキルは抜群の評価を得ている。

現在は、研修会社の所属講師向け研修や大手企業の社内トレーナー育成、個人向けに講師力向上レッスンを行うなど、「講師の講師」としても活動中。

主な著作：『世界一わかりやすいプレゼンの授業』『この人についていきたい!」と思われるリーダーになる話し方』（共に中経出版）

**言いたいことが確実に伝わる　説明力**

2014年　3月16日　初版発行
2022年12月28日　第20刷発行

著　　者　五十嵐健
発 行 者　石野栄一
発 行 所　明日香出版社
〒112-0005　東京都文京区水道2-11-5
電話　03-5395-7650（代表）
https://www.asuka-g.co.jp

印　　刷　美研プリンティング株式会社
製　　本　根本製本株式会社


ISBN 978-4-7569-1680-8

# 株式会社 サードプレイス

サードプレイスは、「企業向け研修」と「個人向けレッスン」を行っています。

**【企業研修】**

プロ講師が、「企画立案」から「研修実施」まで完全担当！！
主な研修は、「プレゼンテーション研修」と「リーダー研修」

**○ 特徴その１　ファシリテーション**

サードプレイスの全研修は、ファシリテーションスキルをベースに設計されています。それは、さまざまな人が協働し、何かを生み出していくビジネスの世界において、指示命令型の働きかけや、個人の問題解決力だけでは、人や組織は動かないからです。周囲の協力を獲得し、相手に動いてもらう、「ファシリテーター」になることが求められています。

**○ 特徴その２　プロ講師**

研修の効果に大きく作用するのは、現場を取り仕切る講師の力です。サードプレイスの『プロ講師』は、事務局の希望を把握し、研修のトレンドと組み合わせながら、受講生一人ひとりの状況に合わせ、臨機応変に研修を組み立てることができます。

**【個人レッスン】**

個人の事情に合わせた指導で、短期間でスキルアップさせます！
「魅力のあるリーダーになって、部下を引っ張っていきたい」
「プロ講師になってもっと稼ぎたい」
そんな多くの方々に、個別指導を行っています。

**【株式会社サードプレイス HP】** 研修のご依頼はこちらから
http://www.3rd-place.jp/

**【FACEBOOK】**「五十嵐　健」で検索してください。
https://www.facebook.com/takeshi.igarashi1

**【ブログ】** 五十嵐健の教育のチカラ
http://ameblo.jp/3rd-place-life/

**【お問い合わせ】** info@3rd-place.jp

# 「仕事が速い人」と「仕事が遅い人」の習慣

山本　憲明 著

ISBN978-4-7569-1649-5
B6 並製　232 ページ　本体定価 1400 円＋税

毎日仕事に追われて残業が続き、プライベートが全然充実しない……そんな悩みを抱えているビジネスパーソンのための１冊。

「仕事が速い人」と「遅い人」の差なんてほとんどありません。ほんの少しの習慣を変えるだけで、劇的に速くなるのです。

サラリーマンをしながら、税理士・気象予報士をとった著者が、「仕事を速くできるためのコツと習慣」を 50 項目でまとめました。著者の経験を元に書かれており、誰でも真似できる実践的な内容です。

# 言いたいことが確実に伝わる メールの書き方

小田　順子 著

ISBN978-4-7569-1429-3
B6 並製　248 ページ　本体定価 1400 円＋税

何気なく使っているメールだが、本当に正しく利用できているのだろうか？

　ビジネスを楽しく、効率よく、コミュニケーションを円滑にするメール仕事術を１冊にまとめた。伝わるメールの書き方、失礼のないメールの書き方、正しい返信の仕方、メールの仕分けの方法、メールを出すタイミング、署名の効果的なつくりかた、件名のつけ方、などコミュニケーションを円滑にするメールの上手な使い方を身につける。